主办　南京大学国土资源与旅游学系
　　　中国人民大学土地管理系

协办　中国土地学会土地经济分会
　　　江西农业大学农村土地资源利用与保护研究中心

U0455875

土地经济研究

Journal of Land Economics

主编　黄贤金　严金明

南京大学出版社

土地经济研究 **13**

主 办　南京大学国土资源与旅游学系
　　　中国人民大学土地管理系

协 办　中国土地学会土地经济分会
　　　江西农业大学农村土地资源利用与保护研究中心

《土地经济研究》编辑部
通讯地址：南京市仙林大道163号（邮编 210023）
　　　　　南京大学国土资源与旅游学系
E-mail：jle2014@sina.com
网址：http://hugeo.nju.edu.cn/jle/

目　　录

CONTENTS

地方政府农地保护与转用行为：
研究向度与关键问题拓展

陈　竹，何继新，黄凌翔

（天津城建大学经济与管理学院，天津 300384）

摘　要　地方政府既是农地保护任务的承担者，也是发展经济、促使农地转为建设用地的利益追寻者。本文基于农地保护与转用管理实践和地方政府行为的相关文献，对地方政府农地保护—转用行为的研究向度和关键问题进行了总结和梳理。研究发现，相关研究已经从静态的个体理性农地转用决策分析转向动态地方政府的行为决策分析；对土地出让行为的研究综合考虑了竞争、财政状况及市场化等多重逻辑；政策工具评价纳入了政策工具与地方政府、土地使用者及公众等多主体的互动行为及其效应的考量；农地保护与转用的管理思路也逐渐体现出弹性、多目标，且充分考虑地区发展阶段和社会经济转型的优化配置理念。在此基础上，本文讨论并提出了值得拓展的关键问题。

关键词　农地保护；农地转用；地方政府行为；地方政府决策

农地能够提供粮食及经济作物、涵养水源和保持自然的生态环境，具有多功能性[1]。同时，农地还具有多适宜性，可通过开发转为商业、住宅或工业用地。农地转为城镇建设用地是世界各国快速城市化过程中普遍存在的现象，其保护或转用的决策是基于农地转用前后市场价值、非市场价值的比较，很多情况下是基于经济利益、短期局部利益的考虑[2]。但农地转用过程中会带来产业低效、环境破坏以及建设用地蔓延等负面效应[3]，对城乡社会环境产生显著影响。目前我国城镇化中，农地非农化快于人口城镇化，资本非农化快于人口城

收稿日期：2020 - 2 - 10

基金项目：国家自然科学基金项目(71704128)。

作者简介：陈竹(1985—　)，男，湖北宜昌人，博士，副教授，主要研究方向为土地资源经济。E-mail：chenz3447@aliyun.com。

镇化的特点明显①，还出现了农地转用过度、土地利用粗放以及土地财政依赖的情况。与发达国家已有城市化经验不同的是，我国地方政府在上述过程中扮演了重要的角色[4,5]。由于我国自上而下的政治结构和中央、地方财政分权制度，地方政府具有了农地保护管理者和农地转用助推者的双重身份。在政治晋升、竞争压力和经济效益共同驱动下，地方政府往往存在动力和冲动过度转用农地[6,7]。然而，我国仍处于从速度和数量为主的发展方式向效率和质量为中心的发展方式转型的过程中②，社会经济形势开始迫使地方政府从近乎冲动发展经济的状态回归到多元地方服务的常态。一方面，近年雾霾席卷大江南北、温室气体过量排放、工农业严重的点源面源污染形势下，生态文明建设已日益成为地方政府必须重视的问题；另一方面，随着全球经济增长低迷态势延续，我国过去依靠劳动力、土地等资源密集型产业发展的优势已逐渐消退，资源成本的增加造成产业外迁，产业转型升级任务十分迫切。在这一时期通过合理的农地转用管理政策控制国土空间开发强度，以推动产业结构高端高效发展、增加生态空间，正是不断转型过程中的重要目标。因此，地方政府农地转用行为的研究有助于加强中央政府宏观调控能力，改善地方政府土地利用决策方法，建立土地高效利用的长效机制，为新型城镇化过程中土地利用优化奠定良好的制度基础。

一、理性决策与政府干预的理论命题

（一）农地保护—转用决策理论

农地保护—转用决策理论的发展经历了对价值不确定性、外部性、地块异质性以及福利非均衡因素修正的过程。Muth 和 Arrow 等构建了私人土地所有者视角下的农地转用决策的经典模型[2,8]，这些早期模型否定了依据当前收益状况决定是否转用的短期行为，强调了地租资本化、农地转用成本以及转用时机等要素，建立了农地转用决策收益—成本分析的基本思路。

鉴于资源开发往往存在着不可逆和未来价值不确定的特征，昆士兰大学教授 Hodge 尝试将转用不可逆和价值期权因素纳入农地转用模型，分析表明农地

---

① 袁方成,康红军.新型城镇化进程中的"人—地"失衡及其突破[J/OL].中共中央党校(国家行政学院)学报,2016-8-1[2020.4.28].http://theory.people.com.cn/n1/2016/0801/c217905-28601100.html.

② 政治工作报告传递 2017 中国发展八大信号[N/OL].新华社,2017-3-6[2020.4.28].http://www.spb.gov.cn/ztgz/gjyzjzt/2017nlh/lhjdlh2017/201703/t20170306_1045856.html.

保护价值的不确定和农地转用的不可逆会促使农地转用决策更加保守；相应地，如果考虑城市增加带来的土地溢价预期，城市郊区的城乡地价差异会更加悬殊[9]。Messina 等将不确定性所形成的农地转用选择价值（option value）和农地保护管制政策纳入模型，提出了基于综合随机过程决策树的农地转用决策方法[10]。此外，基于土地利用广泛存在的外部性问题，现有研究从外部性测度、外部性内化的视角对农地转用决策模型进行了修正[11,12]。Turnbull、Burton 等学者综合考虑外部性、农地政策和地块异质性因素以动态最优化方法分析了目标区域的最优转用数量标准[13,14]。Marshall 将外部性考虑与否的农地转用空间格局和福利效应进行了对比[15]。Wu 以土地开发与周边水域水质情况为例建立了考虑景观外部性的农地转用决策模型，并从速度和土地利用模式两个方面进行了决策优化分析[16]。

（二）政府干预农地转用决策的机理

经典的农地转用个体决策研究能够给出理论最优转用方案，但如果缺乏相关政策的激励和约束，土地私人所有者会缺乏实现优化的动力。只要是经济许可，农地会逐渐转变为建设用地等价值较高的类型，而农地转用带来的一系列变化必然损害农业发展并影响人类的生活环境[17]。为了显化农地转用外部性及其选择价值，地方政府的可选政策包括庇古解决方案（补偿或税收政策）、科斯解决方案（产权界定及交易），以及直接管制方法等[18]。而在规划管制过程中，农地保护区发展受限，区内土地使用者易受到巨大损失，可发展区土地价值则大幅度提升，"暴损"（wipeout）和"暴利"（windfall）的非均衡状况则促使了土地发展权制度的设立[19]。为了激励农地所有者谨慎、有效率地进行农地转用，欧美发达国家将土地利用规划管制、补偿和发展权制度相结合，广泛开展了各种农业环境项目（Agri-environmental Programs，AEPs）。其中美国开展了休耕储备计划（Conservation Reserve Program，CRP）、湿地储备计划（Wetland Reserve Program，WRP）和耕地保护计划（Farmland Preservation Program，FPP）。欧盟国家实施了共同农业政策（Common Agricultural Policy，CAP），在 CAP 框架下，各成员国根据自身情况制定了有所差异的农地保护政策。英国建立了环境敏感保护区（Environmentally Sensitive Areas，ESA）以限制农地转用和提高景观价值[20]。瑞士对农业政策进行了改革并制定新的环境目标（制止农业生物多样性的丧失和濒危物种的蔓延），在利用农业区（the Utilized Agricultural Area，UAA）建立生态补偿区域计划（Ecological Compensation Areas，ECA）[21]。荷兰从 20 世纪 50 年代开始的多轮土地规划成功保护了大量耕地及生态用地[22]。1980 年以后,丹麦开始实行缓冲区划定和管制政策(buffer zoning)保护开敞空间并促进耕地和水域的协调利用[23]。

(三)"经济人"、"政治人"特征影响下的地方政府行为

如果不对地方政府的类型加以区分,理想状态地方政府农地转用决策的目标应当是辖区农地转用福利的最大化[24,25]。然而,具有"经济人"、"政治人"特征的地方政府会在考虑自身目标最大化的基础上进行决策,使得农地转用效应与土地政策目标产生矛盾。诺思指出,地方政府行为会出于两方面的动机,一是降低交易费用以实现社会产出的最大化,代表中央政府或选民的目标;二是在不同利益集团间分配产权以实现自身利益最大化[26]。Walsh 对都市区均衡框架下的理论分析以及对北卡罗来纳州维克县的实证表明,不适当的开敞空间保护政策和城市增长边界反而造成居民的福利损失[27]。Warziniack 对农地政策的制定过程进行了分析并发现,当群体规模较大且空间上分散时,个体的呼声与社会最优存在着显著差异,此时政策制定者基于自身利益制定的农地管制计划可能并非最优[28]。Chanel 等结合法国的政治制度建立了政策设计的理论分析框架,实证表明农业收益的高低对农地转用决策的影响仅限于初期,而政治上的高支持率有利于市长推行地方土地限制政策[29]。Bimonte 等针对意大利的研究指出,房产税的增收不仅没有限制农地转用,反而因为地方政府对农地转用者的支持,加速了城市扩张[30]。

作为一种集体行为,农地保护的目标往往在机会主义的行事方式下陷入困境[31],而在我国,这种矛盾更因地方政府直接的行为决策而凸显,陈会广关注于地方政府对农地转用制度的响应及其行为的绩效,指出中央政府对耕地非农化的严厉控制在相当程度上被抵消[32]。面对中央政府下达并层层分解的耕地保护指标,经济发达地区曾尝试通过"易地代保"(请其他地区代为保护耕地并支付报酬)方式规避管制带来的损失[33],但 2004 年即被国土资源部明令禁止,直至 2017 年才重新开始尝试实行类似的政策。郭庆旺等指出,即使中央提出了治理和整顿政策,地方政府仍具有利用违规税收土地优惠进行引资的动机,致使中央政府不得不逐步加大查处力度来抑制地方政府的投资过热行为[6]。李殿伟等认为,中央—地方政府之间在土地管理上的委托—代理关系和"分权"契约关系存在着效用函数的偏离,地方政府往往倾向于减少成本的做法[34]。由于地方政府的晋升激励和部门利益,地方政府甚至参与或默许了买卖和非法转让为主的大

量土地违法行为[35]，这种土地违法行为与经济的快速增长、城镇快速扩张存在直接的联系[36]。中央政府也因此进一步出台大量土地违法遏制政策并建立了土地例行督察机制[37]。

二、地方政府农地保护—转用行为的进路比较

总体上，各国地方政府农地转用与保护行为取向和政策体现了不同时期社会经济的需求。在20世纪60—70年代，针对全球能源危机和粮食供给不足等问题，美国将国土空间管制的重点从城市绿地、历史文化用地转移到农地数量和质量的保护上，利用农地生产力评估以及基本农田标准评定系统（the land evaluation and site assessment system，LESA），对生产力高、集中连片的农地进行区划管制[38]。英国哥伦比亚地区于1973年启动农地储备计划（Agricultural Land Reserve，ALR），将该地区大于0.8公顷的农地划入储备区，严格限制区内的非农活动和土地细分[39]。80年代以后，随着粮食产量提高，欧美国家农地管理从数量、质量保护开始转向生态管护，美国的马里兰州、宾夕法尼亚州开始实施土地休耕计划（Conservation Reserve Program，CRP），德国启动了水源保护区保护及相应的补偿政策，Ⅰ级保护区范围农地直接由水利公司购买并禁止农业经营，Ⅱ级和Ⅲ级保护区也分别禁止了集约化农耕、畜养牲畜以及难分解物质堆放等行为[40]。2000年前后，随着住宅对开敞空间福利需求的增大以及开敞空间价值的日益凸显，北美地区土地信托机构和社区通过可转移发展权、土地休耕计划等项目实现了农地福利（amenity）保有[41]。在这一时期，荷兰、加拿大等地通过规划对大面积自然绿地和休闲农地加以保护，涉及面积分别达到了72万公顷和21万公顷[42]。

尽管欧美国家在20世纪中后期一致地参与了农地转用决策和管理，但政策机制设计体现了不同的理念。在政策工具上，荷兰、德国和英国等主要倚重于详尽的规划、严格的区划管制和公共购买权设定；相反，美国和加拿大的农地政策却往往不采用强制性的公共购买机制，基于效率的考虑，一些州试图通过可转移发展权等具有市场化性质的方式解决农地保护问题[22]。纵观美国、荷兰、法国、英国、加拿大和以色列等经合组织（OECD）成员国的经验，社会、团体及个人在农地保护方面具有共识的情况下，政策执行会取得较好效果（荷兰、法国、英国）。相反，行政结构松散或利益群体分散的地区，农地保护效果则不明显甚至较差

（美国纽约州、威斯康星州，加拿大安大略州）[43]，这些地区尽管实施了灵活的农地保护机制，城市边缘仍呈低密度扩张甚至跳跃规划区发展的趋势[44]；对于城市化、经济发展需求强烈或存在住房压力的地区而言，农地保护目标会被淡化（1990 年以后的以色列）[45]。

中国地方政府虽与西方地方政府在农地转用决策中具有共同特征，但本质上存在区别。这种差别主要源于政治背景与政府结构的不同。纵向上，欧美国家各类地方政府均为法律地位平等关系且政府层级通常较少，呈"扁平式"结构，而中国地方政府与上级政府存在着领导和被领导的关系，呈"金字塔"式结构；横向来看，欧美国家地方政府组织结构多样，而我国均为单中心（党委）和多主体（政府、人大和政协）的组合[46]。结构差异导致西方国家地方政府决策具有独立性和多中心特征，我国中央和地方政府决策则在政治上具有一致性。然而，由于中央和上级政府（部门）获取信息有限，政治一致性往往伴随着社会经济效果上的背离，多主体、多部门竞争协调困难也导致行政成本偏高[47]。

总结而言，在多数欧美国家，地方政府参与农地转用决策主要出于公共目标和辖区总体福利的考虑，而实际的决策过程会受到居民支持率及当地利益集团的影响，且多以政策制定的方式间接实现其目标[28]。我国地方政府农地转用较多地关注政治绩效、地方财政收入等目标，由于农地转用需要通过地方政府审批，地方政府对决策的干预更加直接。这种决策的主导性在招商引资、开发区建设过程中表现得最为明显[48]。

三、地方政府农地保护与转用行为研究向度

20 世纪中叶以来，全球农地保护与转用管理政策的目标和实现方式不断转换，同时，地方政府行为的理论快速发展。这促使地方政府农地保护与转用行为的研究视角、研究问题变化更新，研究趋势的把握也显得尤为重要。近年来，地方政府作为管理者、自身目标追寻者的双重身份在不同体制国家的研究中均得到关注，国内外对于地方政府农地保护与转用行为的研究也更具有相互参照的意义。我们对这一领域的国际国内文献进行了梳理归纳，从四个方面阐释当前的研究向度。

1. 在地方政府多重角色、行为变化规律以及中央—地方政府关系研究的基础上深入探索科层结构下政府部门间、与微观主体间的互动行为。中国地方政

府在特定制度环境下表现出的行为目标和行为特征是中西方学者共同关注的重点[49,50]。Oi 和 Blecher 认为地方政府行为可分为企业型、发展型、掠夺型以及复合的合作型等模式[51,52]。而在体制转轨环境不确定的情况下,我国地方政府行为演变特征表现出了以增长为取向的适应性调整[53]。1992 年中央逐渐推行的市场化改革措施和 1994 年财税制度改革促使地方政府不再热衷于经营国有、乡镇企业,转而开始关注于吸引投资和培育辖区的税基,周黎安认为,地方官员之间围绕 GDP 增长而进行的"晋升锦标赛"模式能够解释政府的激励[54];陶然等则指出,"晋升锦标赛"模式尚不足以解释中国转型期经济的高速增长[4];李猛等将财税激励、政治晋升和官员腐败作为地方政府激励的三个方面进行地方政府行为的分析[55];赵静等根据地方政府代理身份的选择和获取自身利益的方式策略,将现阶段地方政府分为计划型、竞争型、监管型和保护型[56]。基于地方政府与中央政府行为目标的差异,Montinola、Landry 和 Xu 等分别用"中国特色财政联邦主义"、"分权化权威主义"或"地区分权的威权体制"来解释中央政府与地方政府之间经济分权和政治集权的特点[57-59]。

在这样的基本格局下,研究发现,地方政府层级和部门间也形成了相应的行为特征。基于韦伯的科层制理论,周雪光等利用博弈论视角,将委托方策略选择概括为"常规模式"、"动员模式",代理方策略概括为"正式谈判"、"非正式谈判"和"准退出",研究发现,委托方选择"动员模式"时,"准退出"是代理方的最优应对策略,而在"常规模式下",代理方会根据特定条件进行策略选择[60]。何艳玲等指出,科层组织完成任务的压力会随政治要求而变化。在"增长"为政治要求的场景中,科层组织可能会根据竞争压力而相宜行事,而在"稳定"为政治要求的场景中,科层组织会陷入不可退出的谈判情景中[61]。曹春芳、赵文哲等关注地方政府行为对不同微观企业(国有企业、民营企业等)的影响,强调了市场和经纪人激励对约束官员和优化资源配置的重要作用[62,63]。

2. 从地方政府制度变迁下的土地利用行为分析,发展为考虑地方政府竞争、财政收支状况以及市场化等因素综合影响的土地开发、出让行为特征分析。由于地方政府垄断了建设用地使用权一级市场供给,地方政府土地开发和出让行为成为理解中国地方政府行为规律的一个重要视角。由于事权和财权的不对等,地方政府逐渐形成对土地财政的依赖,从而通过"租税替代"的方式扩大预算外收入[64]。孙秀林等认为相比于财政包干制,分税制改革建立了中央—地方关系的稳定互动框架,是更为理性的选择,但以土地为中心的城市扩张模式是改革中产生的意外后果[65]。陶然等强调了地区竞争在土地财政形成中的作用,考察了地方政府对商住用地和工业用地有差异的出让管理策略[4]。土地出让策略模仿表现为土地出让面积的竞争,而引资策略模仿表现为对大规模资本的追逐,由此也导致了地方政府对征地和城市扩张的强烈动机[66]。曲福田等指出,由于中央—地方政府角色定位的差异,中央—地方政府的非合作博弈成为农地非农化效率低下的重要原因[3]。容志揭示了制度变迁过程中地方政府农地转用行为的变化,分析了地方政府违规获取额外利益、机会主义行为导致的中央—地方政府博弈过程[67]。地方政府一方面通过农地转用决策和出让行为确保政府在经济发展中的主导性和主动权[68],另一方面关注土地出让中的"土地财政"和"土地引资"目标。张莉实证分析表明,"土地引资"相比于"土地财政"更受到地方政府官员的重视[48]。Zhong 等和王媛等的研究表明,土地出让制度及地方政府相应的行为与地方政府经济增长竞争关系密切,进一步导致了城市发展差异化的加剧[69,70]。随着社会经济快速发展以及城市化进入新的阶段,研究发现 2009—2010 年的经济刺激计划以后,地方政府更加依赖于土地抵押和出让收益,这导致地方政府更有动力控制土地市场和提高土地出让价格[71]。

3. 从静态的个体理性农地转用决策研究转向动态、非个体行为决策及考虑多主体互动过程的研究。Irwin 等从外部性和时间维度两方面改进了已有农地保护—转用的决策模型并实证分析了转用概率受外部性影响的情况,发现开敞空间(open space)集中的地区会促使农地向住宅用地的流转[72]。Kovacs 等分析了开敞空间保护政策对住宅用地开发的影响,由于个体交互行为影响,开敞空间外部效益变化的速度决定了高收入人群的居住区位[73]。Albers 等关注私人主体在受到政府行为影响时的行为变化差异、复合效应以及社会最优格局的实现。通过构建多主体博弈模型并推导相应的空间格局发现,个体决策时并不考虑用地格局细碎化效应,政府提供的激励机制能够促使个体考虑聚集后的规模效应[74]。Kelly 等利用投资组合理论对土地所有者的异质性偏好、空间外部性以及地块特征对土地利用决策的影响进行了分析。对美国南印第安纳州印湾镇的实证研究表明,异质性偏好和空间外部性更为显著地影响了土地所有者的决策[75]。针对我国地方政府主导农地转用决策的社会经济环境,Lichtenberg 等构建了地方政府作为决策者的城市扩张分析模型[76]。陈竹进一步论述了地方政府农地转用决策的机制,实证识别了我国地方政府的农地转用的决策偏好[77]。

随着行为经济学的发展,学者也开始认识到农地保护—转用决策中的有限理性(bounded rationality)问题。Parks 指出,风险厌恶类型的决策者往往会在农地类型转化中做出错误的决策[78]。Schreinemachers 的模拟分析发现,尝试型主体(heuristic agents)和理性主体在不确定性较强时会做出差异显著的农地转用决策[79]。Villarmor 在多个国家的调查表明,一定范围内决策者的性别、知识、偏好、风险认知以及创新意识强弱对农地转用效果产生了显著的影响[80]。Chen 等发现晋升激励下,地方政府官员的年龄是影响当地建设用地扩张规模和利用效率的重要因素[81]。针对我国土地利用中广泛存在的中央—地方政府互动行为,龙开胜等比较了我国中央和地方政府在农地转用审批上的差异并对其影响因素进行了识别[36]。Wang 等梳理了 1999—2013 年地方政府响应中央政府进行房地产市场干预的情况,总结了其行为的原因和机制,尽管政府干预的意图是改进社会总体福利,但也会造成资源的错配和腐败问题[82]。Cao 等从地方政府视角对农地保护及开发的非均衡程度进行了测算,提出了跨区域协调建设用地开发指标的相关建议[83]。

4. 从刚性、单一的农地转用管理思路逐步发展为弹性、多目标、充分考虑地区发展阶段、社会经济转型的资源优化配置理念。由于严格刚性的特点,土地管制条例的实施一直存在着争议[84],南加州大学教授 Ellickson 即认为土地用途区划管制(zoning)既影响了效率,也缺乏公平性[85]。Hart 则认为历史和法理上看,公共物品供给和私人权利限制相关的政府行为具有其合理性[86]。为了缓解土地用途管制造成的非均衡问题,美国马里兰州、康涅狄格州和新泽西州于 20 世纪 80 年代以后开始实施可转移土地发展权政策(the transfer of land development right,TDR)。可转移发展权对我国农地保护同样具有借鉴意义,国内学者将其与国内易地代保、地票等政策进行对比分析。屠帆比较了浙江省 2001—2003 年基本农田易地代保案例与美国马里兰州卡尔弗特县可转移发展权项目,从产权性质、土地市场状况、交易内容和资源配置效果分析了两者的差异[87]。谭荣等利用发展权理论解释了近年来地方政府在易地代保、城乡建设用地增减挂钩等政策创新中的产权内涵,指出了治理结构代替产权结构改革的发展路径[88]。汪晖等认为中国实际上已经进行了土地发展权转移和交易的实践,并将其归纳为土地发展权改革的浙江模式[89]。靳相木等参照排污权交易管理的模式,建立了一个新增建设用地指标交易的理论模型,认为市范围内进行指标交易能够促进社会福利[90]。同时,国家"十一五"、"十二五"规划纲要均提出将国土空间划分为优化开发、重点开发、限制开发和禁止开发四类主体功能区,实行差别化土地管理。对此,孔伟等以人均 GDP、地均固定资产投资分别表征经济发展水平和土地集约利用水平,结合资源禀赋条件划分区域集约程度并提出了区域差别化的管控思路[91]。欧胜彬和张俊峰等基于效率原则,分别提出针对了广西北部湾经济区、武汉城市圈的土地差别化配置的方案[92,93]。鉴于经济增速减缓、生态压力趋紧的现状,社会经济转型和土地利用转型已在国内和国际上受到重视[94,95],Wu 等指出,中国追求经济增长和地方财政的城市化方式仍处于不可持续的状态,优化土地配置和城市化机制需要从财政、地方官员考核、住房和户籍等方面进行制度改革[96]。这些研究表明,农地保护与转用管理已不再是单纯的资源利用方式决策,而是与社会经济发展多方面融合,需要地方政府结合区域发展战略进行的统筹安排和管理实践。

四、深化研究的关键问题拓展

近年来文献从地方政府农地保护和转用的目标特征、多主体互动、社会转型与多目标发展等视角展开相关研究,基于上述研究向度并结合当前我国社会经济状况和面临的挑战,可以拓展出以下关键问题。

1. 地方政府在农地转用中的“情景—行为特征”规律研究。地方政府行为在社会经济制度环境下进行适应性和学习性的调整[53],这能够一定程度上解释地方政府行为变迁的特点。从土地相关政策的视角来看,1986 年《中华人民共和国土地管理法》颁布、1994 年财税制度改革、1999 年土地管理法修改、2003 年土地出让制度改革和当年开始的多轮宏观经济调控、2008 年 4 万亿救市等重大事件将改革开放后的 40 年分解成了多个阶段,分析这些阶段地方政府农地转用行为动机、行为状态、行为过程与社会、制度情景的对应关系,有助于揭示和总结相关规律。

2. 不同层级、不同区域特征下地方政府的农地转用行为特征差异分析。不同层级地方政府由于辖区范围、委托—代理关系以及不同的经济资源禀赋,农地保护—转用行为会产生分异,如何基于现实背景提炼指标以识别和量化相应的行为特征,是尚未很好解决的重要问题。结合地方政府的行为动机和行为状态,将地方政府的行为过程从政策响应、上下级博弈、同级竞争、部门间协调等视角进行多维度分析,能够对地方政府行为做出更为精准的阐释。

3. 地方政府行为特征影响下农地转用行为理论及决策机制。农地转用决策模型多是建立在理性经济人或有限理性经济人假定的基础上，但地方政府行为与个人或企业主体有着显著的差异，尽管针对地方政府在现阶段行为特征的研究已经较多，但将其纳入农地转用行为决策模型的尝试还不多见。由于社会经济背景和政策制度的影响，地方政府决策目标往往偏离于辖区福利最大化的一般假定，同时，政府也会出现冲动、短视以及趋同等非理性行为[78,97]，因此有必要从行为决策的角度，构建以地方政府农地转用行为动态模型，分析经济驱动（经济发展、财政收入、产业结构），生态约束，政策内容（直接管制、税费和补偿政策等），地方政府行为状态、行为过程对农地转用行为的影响。

4. 社会经济转型下地方政府农地转用行为变化分析与模拟。在社会经济转型期，"土地引资"、"土地财政"及"土地融资"等现象不具有可持续性，但地方政府和其他相关主体行为转变的方向和程度尚不明确。将新常态背景下供给侧改革、产业结构升级、生态文明建设以及中央政府可能采用政策纳入地方政府农地转用的行为目标，进行多情景设置并分析地方政府行为的可能变化，能够形成更具有前瞻性的政策建议。

参考文献：

[1] Hanley N，Wright R，Adamowicz V. Using choice experiments to value the environment：Design issues，current experience and future prospects [J]. Environmental and Resource Economics，1998，11(3)：413 - 428.

[2] Arrow K，Fisher A C. Environmental preservation，uncertainty and irreversibility[J]. Quarterly Journal of Economics，1974，88(4)：312 - 319.

[3] 曲福田，高艳梅，姜海. 我国土地管理政策：理论命题与机制转变[J]. 管理世界，2005(4)：40 - 47.

[4] 陶然，苏福兵，陆曦，等. 经济增长能够带来晋升吗？——对晋升锦标赛理论的逻辑挑战与省级实证重估[J]. 管理世界，2010(12)：13 - 26.

[5] 徐现祥，王贤彬. 任命制下的官员经济增长行为[J]. 经济学，2010，9(04)：1447 - 1466.

[6] 郭庆旺，贾俊雪. 地方政府行为、投资冲动与宏观经济稳定[J]. 管理世界，2006(5)：19 - 25.

[7] 吴群，李永乐. 财政分权、地方政府竞争与土地财政[J]. 财贸经济，2010(07)：

51－59.

[8] Muth R F. Economic change and rural-urban land conversion[J]. Econo-
metrica, 1961, 29(1): 1－23.

[9] Hodge I. Uncertainty, irreversibility and the loss of agricultural land[J].
Journal of Agricultural Economics, 1984, 35 (2): 191－202.

[10] Messina E, Bosetti V. Uncertainty and option value in land allocation
problems[J]. Annals of Operations Research , 2003, 124: 165－181.

[11] 刘祥熹，庄淑芳.农地转用之选择价值与外部性效果——从农地释出宜从
长计议说起[J].农业经济,1995(12): 1－29.

[12] 陈竹，张安录，黄凌翔. 农地转用政策与农地转用最优数量——外部性内
化视角的实证分析[J]. 自然资源学报, 2016, 31(4): 620－628.

[13] Turnbull G K. Urban growth controls: transitional dynamics of develop-
ment fees and growth boundaries[J]. Journal of Urban Economics, 2004,
55(2): 215－237.

[14] Burton P S. Land use externalities: mechanism design for the allocation of
environmental resources[J]. Journal of Environmental Economics and
Management, 1996, 30: 174－185.

[15] Marshall E. Open-space amenities, interacting agents, and equilibrium
landscape structure[J]. Land Economics, 2004, 80(2): 272－293.

[16] Wu J, Irwin E G. Optimal land development with endogenous environ-
mental amenities[J]. American Journal of Agricultural Economics, 2008,
90(1): 232－248.

[17] Schwind P J. The evaluation of land use alternatives: A case study of the
metropolitan fringe of Honolulu, Hawaii[J]. Land Economics, 1977,
53(4) : 410－422.

[18] 黄宗煌.农业生产之环境外部性的因应措施[R].1996.

[19] Hagman D G, Misczynski D J. Windfalls for Wipeouts: Land Value Cap-
ture and Compensation [M]. Chicago: American Society of Planning Of-
ficials, 1978.

[20] Dobbs T L, Pretty J. Case study of agri-environmental payments: The
United Kingdom[J]. Ecological Economics, 2008, 65, 765－775.

[21] Herzog B. Why do bigger countries have more problems with the stability and growth pact? [R]. 7th Göttingen Workshop on International Economic Relations，2005.

[22] Needham B. Dutch Land-use Planning：The Principles and the Practice [M]. London：Routledge，2016.

[23] Münch A，Nielsen S，Racz V，et al. Towards multifunctionality of rural natural environments? —An economic valuation of the extended buffer zones along Danish rivers，streams and lakes[J]. Land Use Policy，2016，50(1)：1－16.

[24] 谭荣，曲福田. 中国农地非农化与农地资源保护：从两难到双赢[J]. 管理世界，2006(12)：50－59，66.

[25] 宋敏. 农地城市流转的外部性与社会理性决策研究[D]. 武汉：华中农业大学，2009.

[26] (美)诺思. 经济史中的结构与变迁[M]. 上海：上海人民出版社，1994.

[27] Walsh R. Endogenous open space amenities in a locational equilibrium[J]. Journal of Urban Economics，2007，67：319－344.

[28] Warziniack T. Efficiency of public goods provision in space[J]. Ecological Economics，2010，69(8)：1723－1730.

[29] Chanel O，Delattre L，Napoleone C. Determinants of local public policies for farmland preservation and urban expansion：A French illustration[J]. Land Economics，2014，90 (3)：411－433.

[30] Bimonte S，Stabile A. Local taxation and urban development：Testing for the side-effects of the Italian property tax[J]. Ecological Economics，2015，120(11)：100－107.

[31] 陈会广. 经济发展中土地非农化的制度响应与政府征用绩效研究：理论框架与来自常州、马鞍山的经验[D]. 南京：南京农业大学，2004.

[32] 钱忠好. 中国农地保护：理论与政策分析[J]. 管理世界，2003(10)：60－70.

[33] 谭峻，戴银萍，高伟. 浙江省基本农田易地有偿代保制度个案分析[J]. 管理世界，2004(3)：105－110.

[34] 李殿伟，赵黎明. 农地非农化进程中地方政府的激励与制度安排[J]. 经济

体制改革，2008（1）：110－113.

［35］梁若冰.财政分权下的晋升激励、部门利益与土地违法［J］.经济学，9（1）：283－306.

［36］龙开胜，杜薇.中央和地方政府农地转用审批动力机制及其差异［J］.资源科学，2017，39（2）：188－197.

［37］谭术魁，张红林，饶映雪.土地例行督察的土地违法遏制效果测算［J］.中国土地科学，2013，27（3）：36－42.

［38］Steiner F R, Dunford N D. The use of the agricultural land evaluation and site assessment system in the united states［J］. Landscape and Urban Planning, 1987,14（1）：183－199.

［39］Nixon D V, Newman L. The efficacy and politics of farmland preservation through land use regulation：Changes in southwest British Columbia's Agricultural Land Reserve［J］. Land Use Policy, 2016, 59（9）：227－240.

［40］陈明灿.论德国水源保护区内农地之使用受限于损失补偿［J］.农业经济，1998，63：1－28.

［41］Deaton B J, Vyn R J. The effect of strict agricultural zoning on agricultural land values：The case of Ontario's green-belt［J］. American Journal of Agricultural Economics, 2010, 92（4）：941－955.

［42］Ploeger H, Bounjouh H. The Dutch urban ground lease：A valuable tool for land policy? ［J］. Land Use Policy, 2017, 63（4）：78－85.

［43］Jacobs K L, Thurman W N, Marra M C. The effect of conservation priority areas on bidding behavior in the Conservation Reserve Program［J］. Land Economics, 2014, 90（1）：1－25.

［44］Coisnon T, Oueslati W, Salanie J. Agri-environmental policy and urban sprawl patterns：A general equilibrium analysis［J］. American Journal of Agricultural Economics, 2014, 96（3）：1－17.

［45］Alterman R. The challenge of farmland preservation：Lessons from a six-nation comparison［J］. Journal of the American Planning Association, 1997, 63（2）：220－243.

［46］戴昌桥.中美地方政府治理结构比较［J］.中国行政管理，2011（7）：94－97.

［47］郁建兴，高翔.地方发展型政府的行为逻辑及制度基础［J］.中国社会科

学，2014(5)：95 - 112，206 - 207.

[48] 张莉，王贤彬，徐现祥. 财政激励、晋升激励与地方官员的土地出让行为 [J]. 中国工业经济，2011(4)：35 - 43.

[49] 张彦. 对苏南乡镇企业改制的考察——来自昆山的报告[J]. 经济社会体制 比较，1998(4)：56 - 62.

[50] Saich T. The Blind Man and the Elephant：Analysing the Local State in China[M] //Luigi Tomba. East Asian Capitalism. Conflicts, Growth and Crisis, Milan：Fondazione Giangiacomo Feltrinelli, 2002.

[51] Oi J C. Rural China Takes Off：Institutional Foundations of Economic Reform[M]. Berkeley：University of California Press, 1999.

[52] Blecher M, Shue V, Deer T. Government and Economy in a Chinese County[M]. Stanford：Stanford University Press, 1996.

[53] 王珺. 增长取向的适宜性调整：对地方政府行为演变的一种理论解释[J]. 管理世界，2004(8)：53 - 60.

[54] 周黎安. 中国地方官员的晋升锦标赛模式研究[J]. 经济研究，2007, 42(7)：36 - 50.

[55] 李猛，沈坤荣. 地方政府行为对中国经济波动的影响[J]. 经济研究，2010, 45(12)：35 - 47.

[56] 赵静，陈玲，薛澜. 地方政府的角色原型、利益选择和行为差异——一项基 于政策过程研究的地方政府理论[J]. 管理世界，2013(10)：90 - 106.

[57] Montinola G, Qian Y, Weongast R. Federalism, Chinese style：The political basis for economic success in China[J]. World Politics, 1950, 48(1)：50 - 81.

[58] Landry P F. Decentralized Authoritarianism in China：The Communist Party's Control of Local Elites in Post-Mao Era[M]. Cambridge University Press, 2008.

[59] Xu C. The fundamental institutions of China's reforms and development [J]. The Journal of Economic Literature, 2011, 49：4, 1076 - 1151.

[60] 周雪光，练宏. 政府内部上下级部门间谈判的一个分析模型：以环境政策 实施领域为例[J]，中国社会科学，2011(5)：80 - 96.

[61] 何艳玲，汪广龙. 不可退出的谈判：对中国科层组织"有效治理"现象的一

种解释[J]. 管理世界,2012(12):61 - 72.

[62] 曹春芳. 政治权力转移与公司投资:中国的逻辑[J]. 管理世界, 2013(1): 143 - 157,188.

[63] 赵文哲,杨继东. 地方政府财政缺口与土地出让方式——基于地方政府与国有企业互利行为的解释[J]. 管理世界, 2015(4):11 - 23.

[64] 黄少安,陈斌开,刘姿彤. 租税替代、财政收入与政府的房地产政策[J]. 经济研究, 2012, 47(8):93 - 106.

[65] 孙秀林,周飞舟. 土地财政与分税制:一个实证解释[J]. 中国社会科学, 2013(4):41 - 60.

[66] 唐鹏,周来友,石晓平. 地方政府对土地财政依赖的影响因素研究——基于中国 1998—2010 年的省际面板数据分析[J].资源科学, 2014, 36(7): 1374 - 1381.

[67] 容志.地方治理结构优化:调节中央地方关系的新思路[J]. 上海行政学院学报, 2010, 11(6):13 - 20.

[68] 曹正汉,史晋川. 中国地方政府应对市场化改革的策略:抓住经济发展的主动权——理论假说与案例研究[J]. 社会学研究, 2009(4):1 - 27.

[69] 王媛,杨广亮.为经济增长而干预:地方政府的土地出让策略分析[J].管理世界,2016(5):18 - 31.

[70] Zhong T,Chen Y,Huang X. Impact of land revenue on the urban land growth toward decreasing population density in Jiangsu Province,China [J]. Habitat International,2016,58:34 - 41.

[71] Huang Z,Du X. Holding the market under the stimulus plan:Local government financing vehicles' land purchasing behavior in China[J],China Economic Review,2018,50:85 - 100.

[72] Irwin E G,Bockstael N E. Land use externalities, open space preservation, and urban sprawl [J]. Regional Science and Urban Economics, 2004,34:705 - 725.

[73] Kovacs K F,Larson D M. The influence of recreation and amenity benefits of open space on residential development patterns[J]. Land Economics, 2007,83(4):475 - 496.

[74] Albers H J,Ando A W,Batz M. Patterns of multi-agent land conserva-

tion: crowding in/out, agglomeration, and policy[J]. Resource Energy Economics, 2008, 30(4): 492 - 508.

[75] Kelly H, Evans T. The relative influences of land-owner and landscape heterogeneity in an agent-based model of land-use[J]. Ecological Economics, 2011, 70: 1075 - 1087.

[76] Lichtenberg E, Ding C. Local officials as land developers: urban spatial expansion in China[J]. Journal of Urban Economics, 2009, 66(1): 57 - 64.

[77] 陈竹. 地方政府主导下农地转用决策及其偏好差异分析[J]. 资源科学, 2015, 37(4): 663 - 670.

[78] Parks P J. Explaining 'irrational' land use: Risk aversion and marginal agricultural land[J]. Journal of Environmental Economics and Management, 1995(28): 34 - 47.

[79] Schreinemachers P, Berger T. Land use decision in developing countries and their representation in multi-agent systems[J]. Journal of Land Use Science, 2006(1): 29 - 44.

[80] Villarmor G B, van Noordwijk M, Djanibekov U, et al. Gender differences in land-use decisions: shaping multifunctional landscapes? [J]. Current Opinion in Environmental Sustainability, 2014, 6:128 - 133.

[81] Chen T, Liu L X, Xiong W, et al. The Speculation Channel and Crowding Out Channel: Real Estate Shocks and Corporate Investment in China[R]. 2016.

[82] Wang Y, Eddie C. Are local governments maximizing land revenue? Evidence from China[J]. China Economic Review, 2017, 43: 196 - 215.

[83] Cao R, Zhang A, Wen L. Trans-regional compensation mechanism under imbalanced land development: From the local government economic welfare perspective[J]. Habitat International, 2018, 77(7): 56 - 63.

[84] 文兰娇, 张晶晶. 国土空间管制、土地非均衡发展与外部性研究:回顾与展望[J]. 中国土地科学, 2015, 29(7): 4 - 12.

[85] Ellickson R C. Alternatives to zoning: covenants, nuisance rules, and fines as land use controls[J]. The University of Chicago Law Review,

1973，40(4)：681－781.

[86] Hart J F. Colonials land use law and its significance for modern takings doctrine[J]. Harvard Law Review，1996，109(6)：1252－1300.

[87] 屠帆. 政府行为和城市土地资源配置——以浙江省为例[D]. 杭州：浙江大学，2008.

[88] 谭荣，曲福田. 中国农地发展权之路：治理结构改革代替产权结构改革[J]. 管理世界，2010(6)：56－64.

[89] 汪晖，陶然. 论土地发展权转移与交易的"浙江模式"——制度起源、操作模式及其重要含义[J]. 2009(8)：39－52.

[90] 靳相木，沈子龙. 新增建设用地管理的"配额—交易"模型——与排污权交易制度的对比研究[J]. 中国人口·资源与环境，2010，20(7)：86－91.

[91] 孔伟，郭杰，欧名豪. 不同经济发展水平下的建设用地集约利用及区域差别化管控[J]. 中国人口·资源与环境，2014，24(4)：100－106.

[92] 欧胜彬，农丰收，陈利根. 建设用地差别化管理：理论解释与实证研究——以广西北部湾经济区为例[J]. 中国土地科学，2014，28(1)：26－32.

[93] 张俊峰，张安录. 基于要素贡献率的建设用地差别化管理——以武汉城市圈为例[J]. 经济地理，2015，35(10)：171－178，193.

[94] 刘彦随，严镔，王艳飞. 新时期中国城乡发展的主要问题与转型对策[J]. 经济地理，2016，36(7)：1－8.

[95] Long H，Qu Y. Land use transitions and land management：A mutual feedback perspective[J]. Land Use Policy，74：111－120.

[96] Wu Y，Luo J，Zhang X，et al. Urban growth dilemmas and solutions in China：Looking forward to 2030[J]. Habitat International，2016(56)：42－51.

[97] 赵文哲，杨其静，周业安. 不平等厌恶性、财政竞争和地方政府财政赤字膨胀关系研究[J]. 管理世界，2010(1)：44－53，187－188.

Local Government Behavior in Agricultural Land Preservation and Conversion: Research Dimensions and Critical Issues

Zhu Chen, Jixin He, Lingxiang Huang

(School of Economic and Management, Tianjin Chengjian University, Tianjin 300384, China)

Abstract: Local governments not only undertake the task of agricultural land preservation, but also pursue the benefits of rural-urban land conversion. Drawing upon the literature on practices of agricultural land preservation and conversion management as well as the the behavior of local governments, this article concludes the current research dimensions and critical issues. Firstly, instead of static and individual rational hypothesis, recent studies concentrate on the dynamic behavior of local governments. Secondly, the fiscal pursuing and the factors such as competition and marketization are considered into the research on land transfer. Thirdly, the models of local government behavior in agricultural land preservation and conversion incorporate multi-agents, including local governments, land users and public, and mechanisms of their interactions into the policy evaluations of rural-urban land management. Lastly, recent studies focus on the elastic, multi-objective and adaptive behaviors in the process of land management under the socio-economic transition circumstance. Based on the above analysis, this article proposes the extensions of some critical issues for further research.

Key Words: agricultural land preservation; rural-urban land conversion; behavior of local governments; decision-making of local governments

农业保险、信贷获取和农户耕地质量提升行为

崔益邻,程玲娟,毕雪昊,邹 伟

(南京农业大学公共管理学院,江苏 南京 210095)

摘 要 高质量的耕地是保障国家粮食安全和农业可持续发展的前提与基础,但是目前我国农业保险和信贷市场发展仍不完全,三农发展仍受明显的金融排斥。为此本文构建了一个考虑风险不确定性和农户家庭禀赋的农户耕地投入行为的理论模型,提出农户的耕地投入行为是在成本、收益和风险三者之间权衡的结果,并基于江苏省的水稻种植户数据,采用处理效应模型解决不可观测因素导致的选择性偏误,实证分析农业保险和信贷对农户耕地常规投入和耕地质量提升行为的影响。结果表明:农业保险可以消除农业生产的不确定性,农业信贷可以缓解家庭资源禀赋的约束,从而促进农户采用耕地质量提升行为。最后提出相应的政策建议,以为耕地资源的可持续利用、小农户与现代农业发展有机衔接的政策提供支撑和参考。

关键词 农户行为;耕地质量;土地利用;农业投资;农村金融

一、引言

新冠疫情的肆虐给我国农业生产带来了更大的风险和挑战,而高质量的耕地是保障国家粮食安全和农业可持续发展的前提与基础,农户作为耕地最直接的利用主体,其行为将对耕地质量产生重要的影响。因此以生态绿色为导向,国家相继出台了耕地地力保护补贴,推行"藏粮于地,藏粮于技"的战略,引导农民提高耕地生态资源保护意识,综合采取秸秆还田、深松整地、有机肥施用、化肥农药减量、测土配方施肥和休耕轮作试点等措施,自觉促进耕地质量提升。

纵观农户耕地质量提升行为的研究,主要集中于农户认知、家庭特征、经营

收稿日期:2020-4-15

基金项目:国家社会科学基金重点项目(AGL014)。

作者简介:崔益邻(1996—),硕士研究生,主要从事土地经济与管理。E-mail:njaucyl@163.com。

通信作者:邹伟(1972—),博士,教授,博导,主要从事乡村土地利用与管理。E-mail:zw@njau.edu.cn。

规模、耕作条件、地权稳定性等影响因素的研究[1-6],但对农户所受的金融约束关注不足。而我国农业生产的主体仍然以小农户为主,小农户自身抗风险能力很弱,同时缺乏有效的风险管理措施,迫使其不得不选择低收益低风险的生产手段来规避风险[7-8],有研究表明农户风险规避是导致化肥过量施用的重要原因[9],农户较高的风险感知不利于可持续农业技术的采用[10],而农业保险有助于缓解农业生产面临的不确定性,从而改变农户生产决策。Mishra 等针对美国小麦种植户评估了收入保险对化学品投入和环境的影响,发现购买收入保险的农户倾向于减少化肥投入,但不会明显改变农药支出。[11]Carter 针对非洲撒哈拉以南国家的研究发现农业指数保险可以促进改良技术的采用,但只有在高风险的地区才有效[12],也有学者发现由于道德风险的存在,农户参保行为反而对有机肥施用有显著的负向影响[13]。同时由于农业生产的风险难以分散,信息不对称和缺乏抵押品,农户面临严重的信贷配给现象[14],信贷获得可以显著促进农户的生产投资[15],而信贷和保险市场的缺失阻碍了农户对农业改良技术的采用[12],不完全的信贷市场使农户初始禀赋约束难以缓解,加大了农业技术推广的难度[16],信贷需求抑制对于具有增资属性的耕地质量提升型农业技术具有显著负向影响[17]。现有研究表明风险不确定性与农户家庭禀赋对于农户生产决策具有重要影响,但是我国目前农业保险和信贷市场发展仍不完全,三农发展仍受明显的金融排斥[18],难以有效克服农业生产的风险和农户家庭禀赋的约束,这会对农户耕地质量提升行为产生怎样的影响,仍缺乏一个统一的分析框架和研究结论,需要进行系统性的理论分析和实证检验,以为耕地资源的可持续利用、小农户与现代农业发展有机衔接的政策提供支撑和参考。

本文的创新点和贡献在于构建了一个考虑风险不确定性和农户家庭禀赋的农户耕地投入行为的理论模型,分情境探讨农业保险和信贷对农户耕地投入最优决策的影响,并基于江苏省的水稻种植户数据,采用处理效应模型解决不可观测因素导致的选择性偏误,实证分析农业保险和信贷获取对农户耕地投入行为的作用机理和异质性影响。

二、理论模型

在 Atanu[19]、Ridier[20]、郑旭媛[16]等人的研究基础上,本文构建了一个农户耕地投入的理论模型,该模型强调农户自身所受到的家庭禀赋约束和不同投入带来的风险不确定性,分析不同情境下农户耕地投入的最优选择及其差异。

假设农户耕地投入行为可以分为两类,一类是耕地常规投入,如化肥等;另一类是耕地质量提升投入,如施用有机肥、测土配方施肥、耕地平整等行为, k_0 和 k_1 分别代表单位面积耕地常规投入和耕地质量提升投入的成本,且 $k_0 < k_1$, s_0 和 s_1 分别代表农户进行耕地常规投入和耕地质量提升投入的面积, π_0 和 π_1 分别代表进行常规投入和质量提升投入的耕地单位面积平均利润,且 $\pi_0 < \pi_1$, $\overline{K}$ 是家庭可用于耕地投入的资金总量, $\overline{S}$ 是家庭可经营耕地总面积,且 $k_0 \overline{S} \leqslant \overline{K} \leqslant k_1 \overline{S}$,即家庭资金可以满足所有耕地进行常规投入,但不能负担全部耕地质量提升投入。假设农户耕地投入决策需要考虑不同投入的收益风险,并假定耕地质量提升投入会面临额外的风险,可以进一步假设:

$$\overset{\sim}{\pi}_0 = \pi_0 + \varepsilon_0$$

$$\overset{\sim}{\pi}_1 = \pi_1 + \varepsilon_0 + \mu$$

$$\sigma_0^2 = V(\varepsilon_0)$$

$$\sigma_1^2 = \sigma_0^2 + \sigma_\mu^2$$

$$\mathrm{Cov}(\varepsilon_0, \varepsilon_1) = \sigma_0^2$$

式中, $\overset{\sim}{\pi}_0$ 和 $\overset{\sim}{\pi}_1$ 是进行常规投入和质量提升投入后耕地的单位面积实际利润, σ_0^2 和 σ_1^2 是 $\overset{\sim}{\pi}_0$ 和 $\overset{\sim}{\pi}_1$ 的方差,$\mathrm{Cov}(\varepsilon_0, \varepsilon_1)$ 是 $\overset{\sim}{\pi}_0$ 和 $\overset{\sim}{\pi}_1$ 的协方差。

情境1:农户缺乏农业信贷来缓解家庭预算约束,也缺乏农业保险减少收益不确定性。通过引入绝对风险规避的 Arrow-Pratt 系数 α 并假定农户追求期望效用最大化,可以求解农户的耕地投入决策问题:

$$\max_{s_0, s_1} \left\{ \pi_0 s_0 + \pi_1 s_1 - \frac{1}{2}\alpha(V(\overset{\sim}{\pi}_0 s_0) + V(\overset{\sim}{\pi}_1 s_0) + 2\mathrm{Cov}(\overset{\sim}{\pi}_0 s_0, \overset{\sim}{\pi}_1 s_1)) \right\}$$

$$\mathrm{s.t.} s_0 + s_1 = \overline{S}$$

$$k_0 s_0 + k_1 s_1 \leqslant \overline{K}$$

化简得:

$$\max_{s_1} \left\{ \pi_0(\overline{S} - s_1) + \pi_1 s_1 - \frac{1}{2}\alpha(\overline{S}^2 \sigma_0^2 + s_1^2 \sigma_\mu^2) \right\}$$

$$\mathrm{s.t.} k_0(\overline{S} - s_1) + k_1 s_1 \leqslant \overline{k}$$

构建拉格朗日函数如下:

$$L(s_1, \lambda) = \pi_0(\overline{S} - s_1) + \pi_1 s_1 - \frac{1}{2}\alpha(\overline{S}^2 \sigma_0^2 + s_1^2 \sigma_\mu^2) + \lambda(\overline{k} - k_0(\overline{S} - s_1) - k_1 s_1)$$

一阶条件为

$$\pi_1 - \pi_0 - \alpha s_1 \sigma_\mu^2 - \lambda(k_1 - k_0) = 0$$

解得：

$$s_1^* = \frac{\pi_1 - \pi_0 - \lambda(k_1 - k_0)}{\alpha \sigma_\mu^2}$$

其中，λ 为农户受家庭预算约束的程度，λ 越小，农户进行耕地质量提升投入的面积越大。此时农户将在成本、收益和风险三者之间权衡取舍。耕地质量提升投入和常规投入的收益差距 $\pi_1 - \pi_0$ 越大，成本差距 $k_1 - k_0$ 越小，耕地质量提升投入的额外风险 σ_μ^2 越低，农户绝对风险规避系数 α 越小，农户越倾向于增加耕地质量提升投入的面积。

情境 2：农户没有信贷配给，拥有足够的资金缓解家庭预算约束，但仍缺乏农业保险减少收益不确定性。此时，农户的耕地投入决策问题如下

$$\max_{s_1} \left\{ \pi_0(\overline{S} - s_1) + \pi_1 s_1 - \frac{1}{2} \alpha(\overline{S}^2 \sigma_0^2 + s_1^2 \sigma_\mu^2) \right\}$$

一阶条件为

$$\pi_1 - \pi_0 - \alpha s_1 \sigma_\mu^2 = 0$$

解得：

$$s_1^* = \frac{\pi_1 - \pi_0}{\alpha \sigma_\mu^2} \geqslant \frac{\pi_1 - \pi_0 - \lambda(k_1 - k_0)}{\alpha \sigma_\mu^2}$$

这种情境相当于农户可以不受家庭预算的约束，即 $\lambda = 0$，此时农户会比情境 1 时增加更多的耕地质量提升投入。但农户仍然会受不同投入带来的收益不确定性的影响，并在收益与风险之间权衡，耕地质量提升投入相较于常规投入的平均收益越高，额外风险越低，农户风险厌恶程度越低，则越会增加耕地质量提升投入。

情境 3：农户无信贷配给，有足够的资金缓解预算约束，也有农业保险控制收益不确定性。此时，可以不再考虑收益的不确定性 ε_0 和 μ，只用考虑不同投入的平均收益，且不用考虑家庭预算约束，则农户最大化问题简化为

$$\max_{s_0, s_1} \{\pi_0 s_0 + \pi_1 s_1\}$$
$$\text{s.t.} \, s_0 + s_1 = \overline{S}$$

可以解得：

$$s_1^* = \overline{S}$$

此时，当农户既有足够的信贷资金缓解家庭预算约束，又有保险可以不用考

虑不同投入带来的收益不确定性时,进行质量提升投入的耕地面积将会达到最大值,即全部耕地都进行质量提升投入。

情境4:农户缺乏农业信贷,面临较紧的家庭预算约束,但有农业保险。农户的耕地投入决策问题为

$$\max_{s1}\{\pi_0(\overline{S}-s_1)+\pi_1 s_1\}$$

$$\mathrm{s.t.} k_0(\overline{S}-s_1)+k_1 s_1 \leqslant \overline{K}$$

可以解得:

$$s_1^* = \frac{\overline{K}-k_0 \overline{S}}{k_1-k_0} \leqslant \overline{S}$$

当农户面临较紧的家庭预算约束时,进行耕地质量提升投入的面积比无任何约束时会减少,并且家庭预算资金越少,耕地质量提升投入与常规投入的成本差距越大,进行耕地质量提升投入的最优面积也越少。

根据以上理论分析,本文提出以下研究假说:

假说1:农户耕地投入行为是在成本、收益和风险之间权衡的结果,并受生产不确定性与家庭禀赋约束的影响。

假说2:农业保险可以通过降低农业生产不确定性,促进农户增险型耕地质量提升行为。

假说3:农业保险可以通过缓解农户家庭禀赋约束,促进农户增资型耕地质量提升行为。

三、计量模型、变量与数据

（一）模型设定

为考察农业保险和信贷对农户耕地投入行为的影响,本文设定如下计量模型:

$$Y_i = \alpha + \beta D_i + \gamma X_i + \varepsilon_i$$

Y_i 表示农户耕地投入行为,将农户耕地投入行为分为耕地常规投入和耕地质量提升投入。核心解释变量 D_i 分别为参保行为 $insurance_i$ 和农户信贷获取 $loan_i$。X_i 是一系列控制变量,包括家庭资源禀赋和外部环境等因素。α、β 和 γ 为对应的回归系数。ε_i 是随机扰动项。

（二）内生性讨论

一方面，可能存在不可观测的变量同时影响农户保险、信贷获取和农户耕地投入行为，如家庭农业投资意愿，农业投资意愿越强烈，越可能进行耕地质量保护投资，也越希望获得农业保险与信贷，另一方面，模型可能存在自选择问题，农户会根据自己的生产投资需要决定是否贷款，是否投保，金融机构也会根据农户的信用和生产情况决定是否给予贷款和保险，所以农业保险和信贷都不是外生变量，存在一定的内生性问题。

为解决上述问题，本文采用 Maddala 提出的处理效应模型。该方法采用类似于 Heckman 二阶段的方法，通过结构化内生变量解决依不可观测因素的选择性偏误问题。

假设内生变量由以下方程所决定：

$$D_i = 1(\delta Z_i + \mu_i)$$

Z_i 是影响农户是否参与 D_i，且 Z_i 中至少有一个变量 Z_{1i} 不包含于 X_i，故可将 Z_{1i} 视为 D_i 的工具变量。本文中，选取村庄农户平均参保率作为农户参保行为的工具变量，因为同伴效应的存在，农户参保行为会受到村庄周围人的影响，但同伴行为不会直接影响农户的耕地质量保护行为。同时选取贷款难易度作为农户信贷获取的工具变量，因为贷款难易度只会影响农户是否获得贷款，但不会直接影响农户的耕地质量保护行为。

假设扰动项 (ε_i, μ_i) 服从二维正态分布：

$$\begin{pmatrix} \varepsilon_i \\ \mu_i \end{pmatrix} \sim N \left[\begin{pmatrix} 0 \\ 0 \end{pmatrix}, \begin{pmatrix} \sigma_\varepsilon^2 & \rho \sigma_\varepsilon \\ \rho \sigma_\varepsilon & \sigma_\varepsilon^2 \end{pmatrix} \right]$$

其中，ρ 为 (ε_i, μ_i) 的相关系数，正是内生性的来源，如果 $\rho \neq 0$，则存在不可观测的混杂因素同时影响 Y_i 和 D_i，这时使用 OLS 会得到不一致的估计。

可以定义逆米尔斯函数如下：

$$\lambda_i = \begin{cases} \lambda(-\delta Z_i), & \text{若} D_i = 1 \\ -\lambda(\delta Z_i), & \text{若} D_i = 1 \end{cases}$$

可以进行类似于 Heckman 的两步回归法，先用 Probit 估计方程 $P(D_i = 1 \mid Z_i) = \Phi(\delta Z_i)$，得到 $\hat{\delta}$，计算 $\hat{\lambda_i}$；再用 OLS 估计方程 $Y_i = \alpha + \beta D_i + \gamma X_i + \rho \sigma_\varepsilon \hat{\lambda_i} + \varepsilon_i$，则可以得到一致的估计结果。

（三）数据来源

本文数据来自 2018 年课题组在江苏省开展的实地入户调研，调研内容主要涉及家庭基本信息、耕地流转、农业经营和政策支持等，其中农业经营中包含了农户的耕地投入行为，如化肥、有机肥和测土配方施肥等采用的情况，政策支持中包含了农户获得信贷和保险的情况，为本文提供了重要的数据支持。在样本筛选上，本文分别选取了苏北的淮安市、苏中的泰州市和苏南的镇江市，具备较好的区域代表性，再从中筛选出水稻种植户，剔除变量缺失的样本，最终保留了450户有效样本。

（四）变量说明与描述性统计

被解释变量：本文将农户的耕地投入行为分为常规投入与质量提升投入。常规投入选取农户化肥施用量指标，化肥是农业生产的基本要素，但是化肥过量投入不仅会污染环境，还会造成土壤酸化板结等问题；耕地质量提升投入用农户有机肥施用量、测土配方施肥和耕地平整来表征，有机肥的肥效比较持久，可以提高土壤肥力（Jacoby et al.，2002）；测土配方施肥可以有效改善土壤养分不均衡的问题，提高土壤基础生产力（葛继红，2010），土地平整则有利于机械化耕作以及农田灌溉和排水。

核心解释变量：本文中的核心解释变量为农户信贷获取和保险参与，以"是否有农作物保险"和"是否获得农业贷款"来度量。

控制变量：参照黄季焜（2012）、杨志海（2015）、魏昊（2020）等人的研究，本文的控制变量包括家庭禀赋因素和外部环境因素两方面，家庭禀赋因素有人力资源禀赋（性别、年龄、受教育年限、兼业程度），自然资源禀赋（土地经营规模）、物质资源禀赋（农业机械）、金融资源禀赋（家庭年收入）和社会资源禀赋（家中村干部），外部环境因素有产权安全性（农地确权）和自然灾害（受灾经历）。

变量说明和描述性统计如表1所示：

表1　变量说明与描述性统计
Table 1　Variable Description and Statistics

变量类型	变量名	变量含义	均值	方差
	化肥施用量	亩均化肥施用量（斤/亩），取对数	4.723	0.518
被解释变量	有机肥施用量	亩均有机肥施用量（斤/亩），取对数①	2.304	2.176
	测土配方施肥	是否采用测土配方施肥，是＝1，否＝0	0.132	0.228
	土地平整	耕地是否进行过平整，是＝1，否＝0	0.246	0.431

---

① 为避免样本损失，在有机肥施用量基础上＋1再取对数。

变量类型	变量名	变量含义	均值	方差
核心解释变量	农业保险	是否有农作物保险,是＝1,否＝0	0.742	0.437
	农业信贷	是否获得农业贷款,是＝1,否＝0	0.404	0.491
控制变量	性别	户主的性别,男＝1,女＝0	0.961	0.190
	年龄	户主的年龄(岁)	54.520	10.718
	受教育年限	户主受教育的年限(年)	9.386	4.147
	兼业程度	非农劳动力占家庭劳动力的比例	0.377	0.324
	经营规模	耕地面积(亩),取对数	3.385	2.180
	农业机械	农业机械总价值(万元)	9.925	20.337
	家庭年收入	过去一年家庭年收入(万元)	28.052	80.901
	社会关系	家中是否有村干部,是＝1,否＝0	0.197	0.398
	土地确权	耕地是否确权,是＝1,否＝0	0.825	0.268
	受灾经历	农作物是否受灾,是＝1,否＝0	0.791	0.406

　　按照上文的理论模型,将农户分成无信贷无保险、有信贷无保险、有保险无信贷、有信贷有保险四组,表2给出了被解释变量的分组均值,可以看出不同分组之间存在明显差异,无信贷无保险组化肥施用量最高,有机肥施用量和测土配方施肥均最低;有信贷有保险组化肥施用量最低,测土配方施肥采用率最高;有信贷无保险组有机肥施用量最高、进行土地平整最多;有保险无信贷组进行土地平整最少,可以发现信贷获取和保险参与对于农户耕地投入行为有着明显的影响。

表 2　变量分组均值差异

Table 2　Variable Grouping Mean Differences

	无保险无信贷组	无保险有信贷组	有保险无信贷组	有保险有信贷组
化肥施用量	4.882	4.628	4.768	4.603
有机肥施用量	1.693	2.894	2.369	2.386
测土配方施肥	0.095	0.145	0.126	0.157
耕地平整	0.259	0.307	0.219	0.258
样本量	77	191	39	143

四、计量结果与分析

（一）农业保险对农户耕地投入行为的影响效应分析

如表3所示，独立性检验均拒绝了 $\rho=0$ 的原假设，表明存在不可观测的因素同时影响农户保险参与和农户耕地质量提升行为，适用于处理效应模型，第一阶段回归结果表明当地保险市场的完善有利于农户获得农业保险。从结果来看，农户参保行为仅对化肥施用量有着显著的影响，参保农户比不参保农户化肥施用量减少了 25.5%[①]，这与 Mishra 等（2005）、仇焕广等（2014）的研究结果比较一致，避免产量下降的风险是农户过量使用化肥的主要动因，而农业保险可以有效缓解这种不确定性，从而有利于农户合理使用化肥。土地平整有利于机械化耕作和灌排，减少洪涝等灾害的影响，由于道德风险的存在，保险参保将促使农户减少土地平整行为。但是总体而言，农户参保对有机肥施用量和测土配方施肥并没有显著的影响，这是因为这些质量提升投入带来的产量风险并不大，农业保险对其影响有限。

表3　参加保险对农户耕地投入行为的影响

Table 3　The Effect of Participating in Insurance on Farmers' Land Investment Behavior

变量	（1） 化肥施用量	（2） 有机肥施用量	（3） 测土配方施肥	（4） 耕地平整
性别	0.170	0.740	−0.028	−0.190*
	（0.135）	（0.523）	（0.056）	（0.100）
年龄	0.001	−0.002	0.000	0.002
	（0.003）	（0.011）	（0.001）	（0.002）
受教育年限	−0.004	0.050*	−0.001	0.020***
	（0.007）	（0.028）	（0.003）	（0.005）
兼业程度	0.188**	−0.048	−0.032	−0.086
	（0.081）	（0.330）	（0.035）	（0.063）

---

① 在自变量为虚拟变量，而因变量取对数的情况下，自变量的系数 β 可解释为自变量取 1 相比于自变量取 0 时因变量变化 $100(e^{\beta}-1)$ %。

续　表

变量	(1) 化肥施用量	(2) 有机肥施用量	(3) 测土配方施肥	(4) 耕地平整
经营规模	−0.036 ***	−0.179 ***	0.011 *	0.003
	(0.014)	(0.057)	(0.006)	(0.011)
农业机械	−0.001	0.014 ***	0.002 ***	0.003 ***
	(0.001)	(0.005)	(0.001)	(0.001)
家庭年收入	0.000	0.000	−0.000	−0.001 **
	(0.000)	(0.001)	(0.000)	(0.000)
社会关系	−0.110 *	0.580 **	0.030	0.139 ***
	(0.064)	(0.252)	(0.027)	(0.049)
土地确权	−0.000	1.031 ***	0.013	−0.155 **
	(0.097)	(0.391)	(0.041)	(0.074)
自然灾害	0.029	0.006	−0.027	0.076
	(0.062)	(0.248)	(0.026)	(0.048)
农业保险	−0.294 **	0.729	0.061	−0.473 **
	(0.136)	(1.289)	(0.058)	(0.205)
常数项	4.757 ***	0.808	0.102	0.610 **
	(0.285)	(1.423)	(0.122)	(0.261)
第一阶段结果				
保险市场发育	3.591 ***	3.533 ***	3.552 ***	3.104 ***
	(0.686)	(0.689)	(0.683)	(0.910)
常数项	−1.986 ***	−1.929 ***	−1.941 ***	−1.629 **
	(0.500)	(0.502)	(0.498)	(0.653)
Ath(ρ)	0.286 *	−0.124 *	−0.121 *	0.687 *
Ln(σ)	−0.674 ***	0.728 ***	−1.503 ***	−0.824 ***
对数似然值	−1260.03	−547.45	−201.92	−464.79
独立性检验	3.86 *	2.78 *	2.51 *	3.42 *
样本量	450	450	450	450

括号内为系数标准误，* 表示 $p < 0.10$，** 表示 $p < 0.05$，*** 表示 $p < 0.01$。

（二）农业信贷对农户耕地投入行为的影响效应分析

如表 4 所示，内生变量农户信贷获取是二元选择变量，适用于处理效应模型，第一阶段结果显示贷款难易度对农户信贷获得的影响系数在 1％的水平上显著，表明工具变量和内生变量之间存在显著的正相关关系。针对方程独立性的 LR 检验拒绝了选择方程与结果方程独立的原假设，表明存在不可观测因素造成的选择性偏误。农业信贷获得对化肥施用量、测土配方施肥采用的影响系数均在 1％的水平上显著，表明农户信贷获得使农户化肥施用量显著减少了约 39％，使农户测土配方施肥采用率显著增加了 29.3％，使农户土地平整行为增加了 71.6％。但对有机肥施用的影响并不显著。这表明农户信贷获取促进了质量提升技术的采用，且对资金需求越大的项目影响越明显，所以对土地平整行为的促进作用远大于对测土配方施肥的影响，而有机肥更多地需要劳动投入，而非资本投入，因此信贷获取对其影响并不显著。

表 4　信贷获得对农户耕地投入行为的影响

Table 4　The Impact of Credit on Farmers' Land Investment Behavior

变量	(1) 化肥施用量	(2) 有机肥施用量	(3) 测土配方施肥	(4) 耕地平整
性别	0.204	0.620	−0.050	−0.215 **
	(0.134)	(0.519)	(0.055)	(0.095)
年龄	0.001	−0.002	0.001	0.003
	(0.003)	(0.011)	(0.001)	(0.002)
受教育年限	−0.004	0.051 *	−0.001	0.023 ***
	(0.007)	(0.027)	(0.003)	(0.005)
兼业程度	0.161 **	0.051	−0.039	−0.121 **
	(0.079)	(0.322)	(0.035)	(0.060)
经营规模	−0.025 *	−0.233 ***	0.010 *	−0.006
	(0.015)	(0.059)	(0.006)	(0.011)
农业机械	−0.001	0.015 ***	0.002 ***	0.004 ***
	(0.001)	(0.005)	(0.001)	(0.001)
家庭年收入	0.000	0.000	−0.000	−0.001 ***
	(0.000)	(0.001)	(0.000)	(0.000)

续　表

变量	（1） 化肥施用量	（2） 有机肥施用量	（3） 测土配方施肥	（4） 耕地平整
社会关系	−0.110*	0.589**	0.034	0.130***
	(0.063)	(0.250)	(0.027)	(0.046)
土地确权	−0.020	1.056***	0.015	−0.190***
	(0.096)	(0.380)	(0.041)	(0.069)
自然灾害	0.067	−0.150	−0.035	0.072
	(0.062)	(0.246)	(0.026)	(0.046)
农业信贷	−0.500*	−0.395	0.293***	0.761***
	(0.274)	(1.130)	(0.042)	(0.092)
常数项	4.691***	1.866	0.029	−0.023
	(0.289)	(1.160)	(0.113)	(0.201)
第一阶段结果				
贷款难易度	0.447**	0.529***	0.496***	0.413***
	(0.197)	(0.196)	(0.169)	(0.145)
常数项	−0.421***	−0.442***	−0.415***	−0.373***
	(0.097)	(0.096)	(0.089)	(0.088)
Ath(ρ)	0.447*	0.347*	−0.831***	−1.286***
Ln(σ)	−0.644***	0.750***	−1.347***	−0.621***
对数似然值	−598.61	−256.24	−1206.05	−518.07
独立性检验	4.62**	9.47***	2.09*	16.01***
样本量	450	450	450	450

括号内为系数标准误，* 表示 $p < 0.10$，** 表示 $p < 0.05$，*** 表示 $p < 0.01$。

（三）其他控制变量的影响

受教育年限显著正向影响有机肥施用量和土地平整，因为文化程度越高，农户对耕地质量保护意识越强。农户兼业程度显著正向影响化肥施用量，这是因为兼业农户普遍存在增加短期资本投入以替代劳动力投入的行为（夏秋，2018）。经营规模显著负向影响化肥施用量和有机肥施用量，但会显著增加测土配方施肥的采用率，农地规模经营有利于农业减量化（纪龙，2018），同时降低采用新技术的平均成本，促进测土配方施肥技术的采用（夏雯雯，2019）。家中有村干部显著降低化肥施用量,增加有机肥施用量和土地平整,这与村干部的特殊地位相关,一方面响应国家政策号召,另一方面拥有更多的资源和渠道。与黄季焜(2012)等研究结果一致,土地确权提高了农户地权稳定性,从而显著正向影响农户有机肥施用量。但是土地确权显著负向影响土地平整,因为土地确权会强化农户的禀赋意识,从而阻碍土地平整等破坏田坎界限的行为。

五、机制检验与异质性分析

(一)自然灾害风险是否提高了农户参保对耕地投入行为的影响

按照本文理论模型,农户耕地投入行为是在成本、收益和风险之间权衡,外部不确定性和风险感知会在很大程度上影响农户的耕作行为(刘丽,2020),而农户的风险感知可能与其受灾经历有关,有受灾经历的农户其外部环境的不确定性越大,而保险可以通过减少农业生产的不确定性来改变农户决策。因此,针对不同受灾经历的农户,有必要检验农户参保对耕地投入行为的异质性影响。

如表5所示,可以发现由于受灾农户的风险感知更强,保险发挥的政策作用也越明显,农户参保显著降低了受灾农户的化肥施用量并增加了农户有机肥施用量,但对未受灾农户影响则不显著,而且保险对受灾农户土地平整的影响也远大于未受灾农户。

表5　农业保险对不同受灾经历农户耕地投入行为的影响
Table 5　Impact of Agricultural Insurance on Farmers' Farmland Quality Protection in Different Disaster Experiences

	化肥施用量		有机肥施用量		测土配方施肥		土地平整	
	受灾	未受灾	受灾	未受灾	受灾	未受灾	受灾	未受灾
控制变量	已控制	已控制	已控制	已控制	已控制	已控制	已控制	已控制
农业保险	-0.231*	-0.398	1.962*	-1.681	0.046	0.043	-0.612***	-0.290**
	(0.140)	(0.341)	(1.023)	(2.165)	(0.077)	(0.099)	(0.157)	(0.137)
样本量	356	94	356	94	356	94	356	94

(二)信贷获得对耕地投入行为的作用是否受农户家庭禀赋的影响

农户所受家庭禀赋约束的强弱也会影响农户耕地质量提升行为,家庭禀赋约束越强,进行耕地质量提升行为的能力就越弱,而信贷获取可以通过缓解农户家庭禀赋约束,从而改变农户耕地投入行为。家庭收入是农户家庭资源禀赋的重要体现,因此,本文根据农户家庭年收入的差别将样本分为两组,一组家庭年收入高于平均值,一组低于平均值,检验农户信贷获取对不同收入家庭的异质性影响。

如表6所示,信贷获取对低收入农户发挥的政策效果远大于高收入农户,信贷获取显著降低了低收入农户化肥施用量并提高了测土配方施肥的采用率,但对高收入农户影响并不显著,同时信贷获取对低收入农户土地平整行为的促进作业也远大于高收入农户,这是因为信贷获取主要通过缓解农户家庭禀赋约束从而影响农户耕地质量提升行为,但高收入农户所受家庭禀赋约束较弱,所以信贷的政策作用也有限。

表6   农业信贷对不同收入农户耕地投入行为的影响

Table 6   The Impact of Agricultural Credit on Farmland Quality Protection Behavior of Farmers with Different Incomes

	化肥施用量		有机肥施用量		测土配方施肥		土地平整	
	低收入	高收入	低收入	高收入	低收入	高收入	低收入	高收入
控制变量	已控制	已控制	已控制	已控制	已控制	已控制	已控制	已控制
农业信贷	−0.641***	−0.515	−1.427	3.277	0.312***	−0.046	0.812***	−0.224
	(0.169)	(0.384)	(1.437)	(2.862)	0.041	(0.380)	(0.117)	(0.587)
样本量	330	120	330	120	330	120	330	120

(三)拓展分析:农业保险是否通过缓解信贷约束影响农户耕地质量提升行为

农业保险和银保互联可以在一定程度上缓解农户信贷约束,农业保险能有效分散农户的农业生产经营风险,使保险合约具有一定的抵押功能,风险配给程度将降低,同时银行和保险两部门之间常常会有信息共享和协商机制,减少农户与金融机构的信息不对称程度(刘祚祥,2012;彭澎,2018)。

表7给出了基于处理效应模型的农业保险对农户信贷获取的回归结果,农户参保虽然对农户信贷获取影响并不显著,但是显著提高了农户信贷金额,表明农业保险可以在一定程度上缓解农户信贷约束。那么农业保险是否可以通过缓解信贷约束间接影响农户耕地投入行为呢?表8给出了农业保险—信贷获取—农户耕地投入行为的中介效应分析结果,结果显示农业保险可以通过提高农业信贷金额,间接降低化肥施用量并提高有机肥施用量。

表7 农业保险对农户信贷获取的影响
Table 7 The Impact of Agricultural Insurance on Farmers' Credit

	(1) 农业信贷获得	(2) 农业信贷金额
控制变量	已控制	已控制
农业保险	−0.056	0.795**
	(0.168)	(0.428)
样本量	450	450

表8 农业保险—信贷获取—农户耕地投入行为的中介效应
Table 8 Mediation Effect of Agricultural Insurance-Credit
Access-Farmers' Farmland Quality Protection

	(1) 化肥施用量	(2) 有机肥施用量	(3) 测土配方施肥	(4) 土地平整
直接效应	−0.072*	0.327	0.019	−0.060*
	(0.058)	(0.235)	(0.025)	(0.045)
间接效应	−0.018**	0.071*	0.004	0.004
	(0.009)	(0.428)	(0.003)	(0.005)

六、结论与建议

保障粮食安全必须优先保障农业投入和耕地质量，农业保险和信贷为农业发展提供了金融支持，也对农户耕地投入行为产生了深远影响。通过构建一个考虑风险不确定性和家庭禀赋约束的农户耕地投入行为理论模型，提出农户的耕地投入行为是在成本、收益和风险三者之间权衡的结果，农业保险可以消除农业生产的不确定性，农业信贷可以缓解家庭资源禀赋的约束，从而促进农户采用耕地质量提升行为。

进一步使用江苏省450个水稻种植户的数据，采用处理效应模型解决依不可测变量的选择性偏误问题，实证分析了农业保险和信贷对农户耕地投入行为的影响，结果显示农业保险显著减少了农户化肥施用量和土地平整行为，农业信贷显著降低了农户化肥施用量，同时显著增加了测土配方施肥和土地平整行为。异质性分析结果也验证了前文的理论推导，农业保险可以通过减少农业生产的不确定性来改变农户生产决策,而信贷获取主要通过缓解农户家庭禀赋约束从而影响农户耕地投入行为。拓展分析结果显示农业保险还可以缓解农户信贷约束从而促进农户采用耕地质量提升行为。基于本文的研究结论,提出如下政策建议:

(1) 加大三农领域投入,鼓励多方参与耕地质量保护与提升。耕地质量的提升需要大量人力、物力、财力,农户受限于自身的家庭禀赋和农业生产的不确定性而能力有限,因此需要整合国家和地方财政资金投入,吸纳社会资本的广泛参与,加强中低产田的改造,完善灌溉条件,补齐基础设施短板,持续推进高标准基本农田建设。

(2) 建立更加完善的农业保险体系,降低农业生产面临的不确定性,充分发挥农业保险对耕地质量提升技术采用的促进作用,提升农户风险管理能力和自发投资能力。同时防范可能的道德风险,创新农业保险产品,规避农业保险对减险型耕地质量提升行为的负面影响。

(3) 扩展农户信贷获取渠道,加强银保互联和承包土地的经营权抵押担保融资等途径,发展普惠金融,缓解农户信贷约束。创新信贷资金投放方式,鼓励将信贷资金用于提升耕地质量的长期投资行为。

(4) 应重点关注低收入和频繁受灾的农户,注意向这些边缘群体进行金融政策倾斜和相关信息宣传,加强精细化管理、差异化设计,使不同类型的农户都能得到合适的金融产品,缓解农业生产不确定性和家庭资源禀赋约束对耕地质量提升技术采用的负面影响。

参考文献:

[1] 曹光乔,张宗毅.农户采纳保护性耕作技术影响因素研究[J].农业经济问题,2008(08):69-74.

[2] 黄季焜,冀县卿.农地使用权确权与农户对农地的长期投资[J].管理世界,2012(09):76-81+99+187-188.

[3] 陈美球,吴月红,刘桃菊.基于农户行为的我国耕地保护研究与展望[J].南京农业大学学报(社会科学版),2012,12(03):66-72.

[4] 杨志海,王雅鹏,麦尔旦·吐尔孙.农户耕地质量保护性投入行为及其影响因素分析——基于兼业分化视角[J].中国人口·资源与环境,2015,25(12):

105 – 112.

[5] 李卫,薛彩霞,姚顺波,等.农户保护性耕作技术采用行为及其影响因素:基于黄土高原476户农户的分析[J].中国农村经济,2017(01):44 – 57＋94 – 95.

[6] 高瑛,王娜,李向菲,等.农户生态友好型农田土壤管理技术采纳决策分析——以山东省为例[J].农业经济问题,2017,38(01):38 – 47＋110 – 111.

[7] Skees Jerry R. Challenges for use of index-based weather insurance in lower income countries[J]. Agricultural Finance Review, 2008, 68(1): 197 – 217.

[8] Carter M R, J Lybbert, Travis. Consumption versus asset smoothing: Testing the implications of Poverty Trap Theory in Burkina Faso[J]. Journal of Development Economics, 2012, 99(2): 255 – 264.

[9] 仇焕广,栾昊,李瑾,等.风险规避对农户化肥过量施用行为的影响[J].中国农村经济,2014(03):85 – 96.

[10] Andres T B, Pennings J M E, Dianne H. Understanding producers' motives for adopting sustainable practices: the role of expected rewards, risk perception and risk tolerance[J]. European Review of Agricultural Economics, 2016,43(3): 359 – 82.

[11] Mishra A K, Nimon R W, El-Osta H S. Is moral hazard good for the environment? Revenue insurance and chemical input use[J]. Journal of Environmental Management, 2005,74(1):11 – 20.

[12] Carter M R, Cheng L, Sarris A. Where and how index insurance can boost the adoption of improved agricultural technologies[J]. Journal of Development Economics,2016,118: 59 – 71.

[13] 张驰,张崇尚,仇焕广,等.农业保险参保行为对农户投入的影响——以有机肥投入为例[J].农业技术经济,2017(06):79 – 87.

[14] Boucher S R, Guirkinger C C. Risk rationing and wealth effects in credit markets: Theory and implications for agricultural development [J]. American Journal of Agricultural Economics, 2008, 90(2):409 – 423.

[15] Petrick M. Farm investment, credit rationing, and governmentally pro-

moted credit access in Poland: a cross-sectional analysis[J]. Food Policy, 2004, 29(3):275 - 294.

[16] 郑旭媛, 王芳, 应瑞瑶. 农户禀赋约束、技术属性与农业技术选择偏向——基于不完全要素市场条件下的农户技术采用分析框架[J]. 中国农村经济, 2018(03):105 - 122.

[17] 魏昊, 夏英, 李芸. 信贷需求抑制视角下农户环境友好型农业技术采纳行为分析[J]. 华中农业大学学报(社会科学版), 2020(01):56 - 66+164.

[18] 温涛, 何茜. 中国农村金融改革的历史方位与现实选择[J]. 财经问题研究, 2020(05):3 - 12.

[19] Atanu Saha, H Alan Love, Robert Schwart. Adoption of Emerging Technologies under Output Uncertainty[J]. American Journal of Agricultural Economics, 1994, 76(4):836 - 846.

[20] Ridier A, Mohamed B E G, Nguyen G, et al. The role of risk aversion and labor constraints in the adoption of low input practices supported by the CAP green payments in cash crop farms[J]. Review of Agricultural & Environmental Studies, 2013, 94(2):195 - 219.

[21] Jacoby H G, Guo Li, Scott Rozelle. Hazards of Expropriation: Tenure Insecurity and Investment in Rural China [J]. American Economic Review, 2002, 92.1420 - 1447.

[22] 葛继红, 周曙东, 朱红根, 等. 农户采用环境友好型技术行为研究——以配方施肥技术为例[J]. 农业技术经济, 2010(09):57 - 63.

[23] 夏秋, 李丹, 周宏. 农户兼业对农业面源污染的影响研究[J]. 中国人口·资源与环境, 2018, 28(12):131 - 138.

[24] 纪龙, 徐春春, 李凤博, 等. 农地经营对水稻化肥减量投入的影响[J]. 资源科学, 2018, 40(12):2401 - 2413.

[25] 夏雯雯, 杜志雄, 郜亮亮. 耕地经营规模对测土配方施肥技术应用的影响研究——基于家庭农场监测数据的观察[J]. 中国土地科学, 2019, 33(11):70 - 78.

[26] 刘丽, 褚力其, 姜志德. 技术认知、风险感知对黄土高原农户水土保持耕作技术采用意愿的影响及代际差异[J]. 资源科学, 2020, 42(04):763 - 775.

[27] 刘祚祥，孙良媛，黄权国．信息生产能力与农业保险对农村金融市场信贷配给的影响——基于湖南岳阳市农村金融市场的实证研究[J]．广东金融学院学报，2012(04):99-109.

[28] 彭澎，吴承尧，肖斌卿．银保互联对中国农村正规信贷配给的影响——基于4省1014户农户调查数据的分析[J]．中国农村经济，2018(08):32-45.

Agricultural Insurance, Credit Acquisition and Farmland Quality Improvement

Yilin Cui, Lingjuan Cheng, Xuehao Bi, Wei Zou

(College of Public Administration, Nanjing Agricultural University, Nanjing 210095, China)

Abstract: High-quality cultivated land is the prerequisite and basis for ensuring national food security and sustainable agricultural development, but China's current agricultural insurance and credit market development is still incomplete, and the development of agriculture, rural areas and farmers is still subject to obvious financial exclusion. To this end, this paper builds a theoretical model of the farmer's farmland input behavior that takes into account risk uncertainty and farmer's endowment, and proposes that farmer's farmland input behavior is the result of a trade-off between cost, benefit, and risk. Based on the data of rice growers of Jiangsu Province, a processing effect model was adopted to solve the selection errors caused by unobservable factors, and the effects of agricultural insurance and credit on conventional inputs and quality improvement of farmland were empirically analyzed. The results show that agricultural insurance can eliminate the uncertainty of agricultural production, and agricultural credit can ease the constraints of household resource endowments, thereby promoting the adoption of cultivated land quality by farmers. Finally, the corresponding policy recommendations are put forward to provide support and reference for the sustainable use of cultivated land resources and the policy of organic connection between small farmers and modern agricultural development.

Key Words：farmer behavior，cultivated land quality，land use，agricultural investment，rural finance

农地确权对农户农地流转的影响效应研究
——基于农户生计视角

许恒周，牛坤在

（天津大学管理与经济学部，天津 300072）

摘　要　农地流转是农村土地制度改革的必然趋势，是助推乡村振兴战略实施、实现农业农村现代化的重要路径之一。随着城镇化进程的快速发展和农地确权工作的不断推进，农民是否参与农地流转已经成为社会和政策关注的热点问题。为此，本文在梳理相关文献的基础上，基于 2013 年和 2015 年中国家庭金融调查数据(CHFS)，采用二元面板 logit 模型检验了农地确权对农户农地流转行为的影响及其作用机制，同时甄别了农地确权对不同生计类型的农户农地流转行为的影响，并用 2015 年的截面数据进行了稳健性检验。研究发现：(1) 农地确权在整体上能提高农户参与农地流转的概率，同时提高了农户农地转出和农地转入的概率。(2) 农地确权通过释放农村剩余劳动力到非农产业部门正向影响农地转出，通过激励农户农业生产投入正向影响农地转入，通过降低交易费用正向影响农地转出和农地转入。(3) 在农户生计的调节作用下，农地确权对农地转入的正向影响增强。具体来看，农地确权对不同生计类型的农户农地流转的影响存在差异，农地确权正向影响非农兼业户和纯农户农地转出，同时正向影响纯农户的农地转入。为引导不同类型农户根据自身需求参与土地流转市场，政府应提高城乡社会保障体制，减弱非农户和兼业户对土地养老的依赖，同时，加强对农户的非农就业技能培训，助力有意愿转出农地并参与非农就业的纯农户向城镇转移。最后，培育新型职业农民，吸引优秀的职业农民通过流转扩大土地经营规模。

关键词　农地确权；农地流转；农户生计

收稿日期：2020-5-5

基金项目：国家社会科学基金项目(17BJY090)。

作者简介：许恒周(1981—　)，男，副教授、博士生导师，主要研究方向：土地经济与利用管理。E-mail：xuhengzhou@163.com。

一、问题的提出和文献综述

农村土地承包经营权流转不仅有助于解决由劳动力大量进城务工导致的土地闲置问题,还有助于促进农业现代化和规模化,缓解小农经营与不断发展的农业技术之间的矛盾。实现农业现代化是农业农村经济高质量发展的时代命题,农地流转已经成为农村土地制度改革的必然趋势。早在1984年中央一号文件就提出允许有偿转让土地使用权,此后,农村土地承包法、农地确权、"三权分置"等一系列土地制度改革措施致力于推动农地流转和规模化经营[1]。随着相关政策的支持,虽然我国农地流转规模不断增加,从2007年的0.64亿亩上升至2018年的5.39亿亩,但近几年,农地流转的速率却开始放缓,2014年全国土地流转比上年增加4.66%,2016年增幅降至1.7%,2017年流转比例与上年基本持平,阻碍了农地流转改革进程[2]。因此,在已有研究的基础上,探究如何进一步促进农地流转,对推进农业现代化意义重大。

关于农地流转影响因素的研究成果颇丰,其中,外部因素土地产权制度和内部因素农户特征是影响农户农地流转行为的重要因素。作为农村土地产权制度改革的核心内容,农地确权与农地流转的研究受到持续关注,却没有得到一致的研究结论。早期研究以微观调研数据居多,不具有全国代表性,如田传浩和贾生华[3]借助多元回归模型对三省份1083份调研数据分析发现,农户地权稳定性预期越低,租入农地的可能性越小。自新一轮土地承包经营权确权工作开始后,相关研究集中于新一轮农地确权颁证对农地流转的影响,在数据代表性和方法的科学性方面都有所提升。如程令国[4]和林文声等[5]都基于2011年和2013年中国健康与养老追踪调查数据研究农地确权和农地流转的关系,前者发现农地确权提高了农户参与农地流转的概率,而后者发现农地确权在整体上并不影响农户农地转出,但抑制农地转入;而李江一[6]基于2013年和2015年中国家庭金融调查数据,采用双重差分模型发现,新一轮农地确权提高了农户参与农地转出的概率。国外的相关研究也存在争议,如Min等[7]发现,土地经营权证书能够对农地流转市场产生重大的积极影响,而Do和Iyer[8]发现确权政策颁发对农地流转没有显著影响。

除此之外,农户生计特征对农地流转的作用不可忽视。随着城镇化的快速发展,农户家庭的生计方式较过去已经发生了根本转变[9],农户根据自身的比较优势重新配置家庭资源,在农业和非农业之间做出了职业选择[10]。因此,越来越多的文献采用一系列指标,如职业类别、家庭非农就业人口占家庭总人口的比例、家庭食品消费支出占家庭总支出的比例、家庭经营纯收入占家庭总收入的比重等[11][12][13]衡量农户的分化程度或兼业化程度,在此基础上分析了农户家庭异质性特征对农地流转的影响。如廖洪乐[14]利用 logit 模型和多元线性回归模型发现,农户兼业降低了农地流转概率,但这种影响呈现出地区差异;钱忠好[15]从农户家庭决策角度分析发现,家庭成员的非农就业并没有促进农地流转,而是基于家庭收益最大化的考虑,表现为家庭经营兼业化;苏群等[16]使用农村固定观察点 2003—2011 年的混合截面数据发现,兼业化程度高的农户是否参与农地流转主要受其家庭劳动力结构和耕地资源禀赋的影响;聂建亮和钟涨宝[17]通过实证研究发现,农户水平分化程度正向影响农户的农地转出行为,垂直分化程度正向影响农户的农地转出和转入行为。

综上所述,基于土地产权制度视角和农户视角讨论农地流转行为,取得了丰富的研究成果。但仍存在不足:当前正处于劳动力持续转移和农户分化的时代背景,只有深刻理解在不同类型农户之间,农地确权对农地流转的影响,才能有针对性地为农地确权促进农地流转提出有效建议,而以往研究很少将农户生计类型纳入农地确权对农地流转的影响分析框架中,探讨两者对农地流转的影响机理。虽然有研究基于农户分化视角讨论了农地确权对农地流转的影响,但具有区域限定性。

基于此,本文借助 2013 年和 2015 年中国家庭金融调查数据(CHFS),研究农地确权对农地流转的影响及其作用机制,并深入探讨农地确权和农户生计对农地流转的作用机理,同时甄别农地确权对不同生计类型农户农地流转的作用差异。

二、理论分析

(一)农地确权与农地流转

在总结和归纳已有研究的基础上,本文从释放农村剩余劳动力、激励农业生产投资和降低交易费用三个中间机制具体分析农地确权对土地流转的影响机理。

1. 释放农村剩余劳动力

在农地转出方面,劳动力向非农部门转移通常能够获得比农业生产更高的收入,有助于弱化土地的社会保障功能[18],从而正向影响农地转出行为。但在土地产权不明晰和不稳定的情况下,农户土地可能被频繁调整[19],农户参与非农就业面临着较大的风险和成本,导致农村家庭无法释放剩余农业劳动力[20]。农地确权通过法律形式赋予了农户更加充分且有保障的土地承包经营权,增强了土地承包经营权的排他能力,提高了农户抵制集体干预和农地调整的能力,从而有助于释放农村剩余劳动力向非农产业部门转移,进而促进农户转出农地[5][6]。在农地转入方面,农业生产高效率有助于释放多余劳动力到非农部门,使得劳动力转移不影响农地转入。农地确权提高了土地产权的稳定性,进而激励农户农业投资,提高农业种植效率,从而释放农村剩余劳动力到非农部门。此时,农地确权不通过释放农村剩余劳动力影响农户农地转入。

2. 激励农业生产投资

农户对农业生产投入更多的时间和资金,意味着农户对土地的依赖程度较强,更可能通过转入土地扩大农业生产规模。而地权不稳定时,农户土地面临被频繁调整的风险,使得农户预期收益不稳定,影响了农户的农业生产积极性和长期投资意愿[21],甚至部分农户为了获得短期收益,对土地进行掠夺式利用。这种短期投资意愿不利于农户转入土地进行农业规模化生产。农地确权通过提高土地产权的安全性,降低了农地被频繁调整的风险,保护了农地投资收益不受他人剥夺,强化了农户对未来收益的稳定预期,进而激发农户对土地的长期投资意愿[22]。因此,农地确权将通过激励农户农业生产投资,促进农户转入农地。在农地转出方面,农地确权从根本上加强了土地产权保护,稳定了农户投资土地的收益预期,也会提高农户保护土地质量的意愿,使得农户对农地赋予的价值评价更高,从而提高农地流转交易价格,抑制农地转出[23]。

3. 降低交易费用

土地流转市场的交易费用降低会提高农户参与农地流转的概率,既会促进农户转出土地,也会促进农户转入土地。农地流转的实质是土地承包经营权的交易。当我国农地产权存在残缺和不完整性时[24],就会导致农地流转的交易费用过高,从而抑制农地流转行为。农地确权以确权颁证的形式,对农民承包面积不准确、四至不清等问题进行明确和解决,能够有效减少农地流转双方重新界定产权的费用,并缓解农地流转的信息搜寻成本,减少农地流转中出现的农地纠纷问题,并降低交易的不确定性[25],从而促进农地转出和农地转入。

(二)农户生计的调节作用

根据农户非农化程度的改变,确权对农地流转的作用方向和影响程度也会有所改变。在农地转出方面,随着农户生计向非农化程度的加深,农户对土地的依赖程度减弱。基于农户理性的假设,农户为了使家庭收入最大化,将倾向于转出农地。尤其在取得土地承包经营权证书的情况下,确权保障了农地产权的安全性,转出农地并不影响自身的土地养老保障需求[26],还可以将获得的土地租金用于城镇生活。但基于农户的非完全理性假设,土地是一种凝聚情感的人格财产,农户对土地拥有天然的情感和心理依赖[27],农户非农化程度的加深可能并没有降低对土地的情感依赖,进而没有加强农地确权对农地转出的影响。因此,随农户非农化程度的加深,农地确权对农地转出的作用方向和影响程度还有待被进一步检验。在农地转入方面,随着农户生计非农化程度的减弱,农户对土地的依赖程度增强,其目的是使自身经营的土地规模达到最优,实现家庭收益的最大化[27]。农地确权改变了土地市场信息不对称、交易成本高昂的现实,使得原本不轻易转入土地的农户更有信心和意愿转入土地进行规模化生产。因此,随农户非农化程度的减弱,农地确权对土地转入的积极作用将得到加强。

进一步地,将农户按照农业生产经营收入占家庭总收入的比重划分为不同类型,对不同类型农户而言,农地确权对农地转出与农地转入的影响也存在差异。对非农户而言,农户在城市中的工作稳定,生存能力强,可能对土地有更高的价值期待,使得农地确权对土地转出或转入的影响并不显著[28]。对非农兼业户而言,家庭务工收入占比较多,但没有完全脱离农业生产,很大的原因是这部分农户在城市的生活和工作尚未稳定,同时农地面临被调整等风险,农地的保障功能使得他们更愿意保留农地。农地确权通过增强农地的排他性,降低了农地被调整或被征用的风险,从而促进这部分农户转出土地,为城市生活提供部分资金保障。对农业兼业户而言,务工收入占比相较于非农兼业户更少,通常是青壮年外出务工,常年居住在农村的中老年人从事农业生产,这部分中老年人在劳动力市场往往受到歧视,外出就业难度较大,土地很好地容纳了这些劳动力。如果在确权后转出农地,他们将失去固定的农业收入以及国家相关补贴,同时非农收入还面临较大的不稳定性[29]。因此,农地确权可能不会对农业兼业户的农地流转产生显著影响。对纯农户而言,对土地依赖程度最强,常年以务农为主要生计,通常掌握较高的农业生产技术和种植管理经验,农地确权通过提高农户的产权收益预期,将促进这部分农户转入农地。

三、数据来源、模型选择与变量设定

(一) 数据来源

本文使用2013年和2015年中国家庭金融调查微观数据库(CHFS)数据,考察农地确权对农地流转的影响。CHFS数据采用PPS抽样方法在全国范围内抽取家户样本,每两年对抽样家户进行一次追踪访问,访问内容包括家庭和个人基本信息、资产与负债、社会保险与保障、收入与支出等微观信息,2015年新增了家庭生产经营项目、土地情况等相关问题,为研究土地问题提供了充足的信息。2013年和2015年CHFS数据分别涵盖了全国29个省(自治区、直辖市)内的8932户和11654户农村家庭,在匹配两年的家庭数据和个人数据后,剔除了核心解释变量和被解释变量缺失的数据,最终得到8139个农户样本。

(二) 模型选择

本文借助二元面板logit模型分析农地确权对农地流转行为的影响。根据不同的假设,面板二值选择模型分为固定效应模型(FE)、随机效应模型(RE)和混合面板模型(Pooled)。本文对农户是否参与农地流转的回归方程进行Hausman检验,结果显示不采用固定效应面板模型,且随机效应模型和混合面板模型的回归结果的显著性相同。考虑到随机效应模型的假设要求严格,本文最终选取了混合面板模型回归检验农地确权对农地流转行为的影响。构建的计量方程如下:

$$f(transfer_{i,t}) = \ln \frac{P(transfer_{i,t})}{1 - P(transfer_{i,t})} = \alpha + \beta \, tenure_{i,t} + \delta \, control_{i,t} + \varepsilon_{it}$$

式中,$transfer_{i,t}$是家庭i在第t年的农地流转行为,在回归时使用三个变量:是否流转(是=1,否=0)、是否转出农地(是=1,否=0)、是否转入农地(是=1,否=0);$P(transfer_{i,t})$表示农户i在t年流转土地的概率,若β的估计值显著为负,则表明农地确权显著抑制了农户农地流转行为;$tenure_{i,t}$ 表示家庭 i 是否在第 t 年及之前领取到确权证书;$control_{i,t}$ 代表以户主特征、家庭特征和村庄特征为主的控制变量,户主特征包括户主年龄、性别、教育、工作、身体状况;家庭特征包括家庭劳动力人数占比、家庭耕地面积、家庭农业机械总价值;村庄特征主要指村户均收入水平;ε_{it} 表示误差项。

(三) 变量设定

本文选取的变量如下:

被解释变量为农地流转行为,分别用是否流转、是否转出农地和是否转入农地表示。2013 年总样本中转出农地的农户家庭占总样本家庭的 10.11%,转入农地的农户家庭占总样本家庭的 14.80%,2015 年总样本中转出农地和转入农地的农户家庭分别增加至 13.12%、15.38%。

解释变量为农地确权,用 2015 年问卷中的问题"您家耕地是否取得土地经营权证书"表示,"1"代表已经领取农地经营权证书,即已经确权,"0"代表未领取农地经营权证书,即尚未确权。2013 年样本中已经确权的农户家庭占总样本家庭的 28.16%,2015 年确权的农户家庭增加至总样本家庭的 33.03%。

中介变量包括释放农村剩余劳动力、农业生产激励以及降低交易费用,释放剩余劳动力用家庭非农劳动力人数占家庭总人数的比重表示,预期比例越高的农户家庭转出农地的概率更大;农业生产激励和交易费用的设置参考林文声等[5]的文献,本文用农户家庭投入农业生产的实物和时间表示农业生产激励变量,实物投入指从事农业生产经营的总成本,包括雇人成本、租赁机械成本、采购农资品成本等,回归时使用实物投入的对数,时间投入指家庭成员从事农业生产经营的时间总数,预期实物投入和时间投入都将促进农地转入;交易费用通过村庄农地流转市场发育程度间接反映,用本村农户参与农地流转市场的比重(包括农地转入和农地转出)进行衡量,比重越大说明交易费用越低,预期交易费用越低,农户转出农地和转入农地的概率越大。

调节变量为农户生计情况,用农业生产经营性收入占家庭总收入的比重表示。进一步地,按照比例数值,将农户划分为纯农户(农业经营性收入占比为 80%～100%)、农业兼业户(Ⅰ兼农户,农业经营性收入占比为 50%～80%)、非农兼业户(Ⅱ兼农户,农业经营性收入占比为 20%～50%)和非农户(农业经营性收入占比为 0～20%),将农户分类有助于甄别在不同类型的农户中,农地确权对农地流转的影响。

　　本文还控制了可能影响农地流转的户主、家庭和村庄特征。户主特征包括户主年龄、工作性质和身体状况等，由于问卷中没有户主身体状况的相关问题，用受访者的身体状况代替。具体来看，随着户主年龄的增长，户主身体状况变差，参与农业劳动的体能和精力逐渐衰退，越有可能转出农地；以务农为主的户主参与农业生产的能力更强，更倾向转入农地或不参与农地流转。家庭特征包括家庭劳动力人数占比、家庭耕地面积、家庭农业机械总价值，家庭劳动人数占比越高意味着农户需要的农地越多，可能会正向影响农地转入；家庭耕地面积越大，普通农户无法负担大规模农业生产，转出农地的概率越大；农业机械价值越高，意味着农户从事农业生产的沉没成本越高，考虑资产专用性对农地经营的影响，将激励农地转入和抑制农地转出[30]。村庄特征主要指村庄内户均收入水平，各地经济发展也会对农户农地流转产生影响，村庄数据依据家庭权重信息整理而成。总样本的变量描述性统计见表1。部分变量样本量的缺失是因为农户未参与此项目或未填写。

表 1　描述性统计

变量类型	变量名称	样本量	均值	标准差
解释变量	农地确权	8139	0.3060573	0.4608821
被解释变量	农地转出	8139	0.1162305	0.3205208
	农地转入	8139	0.1508785	0.3579524
中介变量	剩余劳动力转移	8139	0.6311692	0.2872184
	农业生产激励：实物投入（单位：元）	7874	6.360005	3.365557
	农业生产激励：时间投入（单位：月）	6616	13.74869	10.16055
	交易费用	8139	0.2630052	0.2157503
调节变量	农户生计情况	7358	0.8028027	28.06267
控制变量	家庭劳动人数占家庭总人数比重	8139	0.5828434	0.3311582
	户主年龄	8134	54.75682	11.85856
	户主性别	8135	1.004425	0.3155351
	户主文化程度	8130	2.510332	0.9582008
	户主工作性质	6842	2.71865	0.7899937
	受访者身体状况	8113	3.242081	1.165991

变量类型	变量名称	样本量	均值	标准差
	家庭耕地面积(单位:亩)	8118	7.938671	13.18294
	农业机械价值(单位:元)	4753	4768.864	18313.3
	村户均收入水平(单位:元)	8139	37325.05	16881.11

四、回归结果分析

(一)基准回归结果

首先实证检验农地确权对农户家庭参与农地流转市场的影响。模型1的结果表明,农地确权提高了农户家庭参与农地流转市场的概率,确权农户参与农地流转的概率比未确权农户参与农地流转概率高0.27倍。模型2和模型3分别将农地转出和农地转入作为被解释变量,结果显示,农地确权在10%的显著性水平下促进了农地转出,在5%的显著性水平下促进了农地转入。总体来看,农地确权能够对农地流转市场产生积极影响,即确权农户更可能参与农地流转市场。

具体来看,控制其他变量不变时,随户主年龄增大,农户越可能转出农地,并抑制农地转入,可能的原因是年龄越大,户主参与农业劳动的精力和体力将下降,因此,转出农地的概率更大,转入农地的概率更小;受教育水平为中专/职高的农户转出农地的概率比未上小学的农户转出农地的概率大,可能是因为受教育水平较高的农户,具有更高的非农就业能力和在非农市场上竞争的实力,更倾向于转出农地和非农就业;以务农为主的农户转出农地的概率比受雇于他人或单位的农户转出农地的概率更小,转入农地的概率更大,这一结论符合现实,拥有务农经历的户主更有能力和经验从事更大规模的农业生产活动,转入农地有助于提高其家庭收入水平;身体状况对农地流转的影响不显著,可能是因为农户家庭拥有的耕地面积普遍较小,农业劳动强度小,身体状况不影响耕地的种植;家庭劳动力人数占家庭总人数的比重越高、农业机械价值越高将促进农户家庭转入农地,而耕地面积对农地转入和农地转出的影响不显著,可能的原因是家庭劳动力越多,拥有的农业机械价值越高,规模化的农业种植越能提高农业生产率;户均收入既提高了农户参与农地转出的概率,也提高了农户参与农地转入的概率,原因是村庄内农户家庭收入越高,意味着村庄的经济发展越好,农地流转市场发展越完善,市场上的农地流转行为越频繁。

表 2   基准回归结果

	农地流转 模型 1	农地转出 模型 2	农地转入 模型 3
农地确权	0.266***	0.249*	0.225**
	(0.08)	(0.14)	(0.09)
户主年龄	−0.013***	0.036***	−0.026***
	(0.00)	(0.01)	(0.00)
户主性别	−0.232**	−0.169	−0.203*
	(0.12)	(0.25)	(0.12)
户主文化程度(以没上过小学为对照组)			
小学	−0.207	0.150	−0.293*
	(0.14)	(0.23)	(0.15)
初中	−0.092	0.091	−0.136
	(0.14)	(0.24)	(0.15)
高中	−0.323*	0.165	−0.397**
	(0.18)	(0.30)	(0.20)
中专/职高	−0.036	1.093**	−0.508
	(0.35)	(0.50)	(0.47)
大专/高职	−0.083	−0.804	0.147
	(0.44)	(0.97)	(0.47)
户主工作性质(以受雇于他人或单位为对照组)			
临时性工作	0.271	0.140	0.378
	(0.19)	(0.31)	(0.23)
务农	0.697***	−0.486*	1.107***
	(0.17)	(0.28)	(0.21)
经营个体或私营企业	0.044	0.749*	−0.967*
	(0.31)	(0.39)	(0.53)
自由职业	0.424	−0.012	0.776*
	(0.39)	(0.79)	(0.42)

	农地流转 模型 1	农地转出 模型 2	农地转入 模型 3
其他	0.907	0.038	1.153*
	(0.60)	(1.11)	(0.63)
身体状况(非常好为对照组)			
好	−0.035	0.009	−0.036
	(0.14)	(0.26)	(0.15)
一般	0.086	0.152	0.060
	(0.13)	(0.25)	(0.15)
不好	0.126	−0.118	0.204
	(0.14)	(0.27)	(0.15)
非常不好	0.281	0.195	0.320*
	(0.17)	(0.33)	(0.18)
家庭劳动人数占家庭总人数比重	0.305**	−0.027	0.433***
	(0.14)	(0.26)	(0.15)
耕地面积	0.001	0.002	0.002
	(0.00)	(0.00)	(0.00)
农业机械价值	0.000**	−0.000	0.000**
	(0.00)	(0.00)	(0.00)
户均收入	0.000***	0.000***	0.000***
	(0.00)	(0.00)	(0.00)
常数项	−1.350***	−5.004***	−1.300***
	(0.38)	(0.79)	(0.42)
样本量	4248	4248	4248
R 平方	0.025	0.038	0.047

注:(1) 括号内数值为家庭层面稳健聚类标准误;(2) *、**、*** 分别表示 $p<0.1$、$p<0.05$、$p<0.01$;(3) 样本量减少的原因是参与回归的控制变量数据缺失严重。

(二)中介效应

1. 释放农村剩余劳动力

表3展示了释放农村剩余劳动力的中介效应,结果显示,农地确权在1%的水平下促进了农户家庭剩余劳动力向非农产业转移,农地确权通过稳定土地产

权,降低了农户家庭土地被征收的风险,从而释放了农村剩余劳动力。模型5和模型6同时加入农地确权和中介变量,当被解释变量为农地转出时,农地确权的显著性有明显下降,且剩余劳动力非农转移对农地转出的影响在10%的水平上显著,表明农地确权后,稳定的地权促进了农户家庭非农劳动力的转移,从而提高了农地转出的概率;当被解释变量为农地转入时,农地确权的显著性有所下降,但劳动力非农转移对农地转入的影响不显著,表明农地确权通过促进劳动力非农转移抑制农地转入的影响不显著,可能的原因是有些农户的土地经营规模较大,农地确权后促进了他们的农业生产投资,带来更高的农业生产效率,释放了家庭剩余劳动力到非农部门,因而未影响农地的进一步转入。

表3 释放剩余劳动力非农转移的中介效应

	释放剩余劳动力 模型4	农地转出 模型5	农地转入 模型6
农地确权	0.022***	0.238*	0.225**
	(0.01)	(0.14)	(0.09)
释放剩余劳动力		0.600*	−0.007
		(0.33)	(0.20)
控制变量	控制	控制	控制
常数项	0.102***	−5.109***	−1.300***
	(0.03)	(0.79)	(0.42)
样本量	4250	4248	4248
R 平方	0.171	0.040	0.047

注:(1) 括号内数值为家庭层面稳健聚类标准误;(2) *、**、*** 分别表示 $p<0.1$、$p<0.05$、$p<0.01$;(3) 样本量减少的原因是参与回归的控制变量数据缺失严重。

2. 农业生产激励

表4为农业生产激励的中介效应,模型7~模型9的结果显示,农地确权显著提高了农户家庭劳动力务农时间,但对农业生产的时间投入并没有显著影响农地转出,而促进了农地转入。模型10~模型12的结果显示,农地确权没有提高农户农业生产的实物投入,但实物投入能够抑制农地转出,促进农地转入。上述结果表明,农地确权后,农户从政策层面和实践层面感知到土地产权的稳定性,将拥有更稳定的农业生产收益预期,从而激励农户农业时间投入,扩大农业生产经营规模。农地确权没有通过促进农户的实物投入提高农地转入或抑制农

地转出,可能是因为普通农户的收入和资产水平普遍偏低,没有足够的实力购买机械或雇佣工人,最普遍的农业生产投资是务农时间的增加。

表 4　农业生产激励的中介效应

	时间投入 模型 7	农地转出 模型 8	农地转入 模型 9	实物投入 模型 10	农地转出 模型 11	农地转入 模型 12
农地确权	0.795 **	0.249 *	0.215 **	0.057	0.246 *	0.214 **
	(0.37)	(0.14)	(0.09)	(0.05)	(0.14)	(0.09)
时间投入		−0.008	0.006 *			
		(0.01)	(0.00)			
实物投入					−0.225 ***	0.554 ***
					(0.04)	(0.05)
控制变量	控制	控制	控制	控制	控制	控制
常数项	12.027 ***	−4.919 ***	−1.370 ***	7.265 ***	−3.290 ***	−5.406 ***
	(1.73)	(0.80)	(0.43)	(0.26)	(0.81)	(0.60)
样本量	4215	4213	4213	4023	4021	4021
R 平方	0.028	0.039	0.047	0.156	0.055	0.098

注:(1) 括号内数值为家庭层面稳健聚类标准误;(2) *、**、*** 分别表示 $p<0.1$、$p<0.05$、$p<0.01$;(3) 样本量减少的原因是参与回归的控制变量数据缺失严重。

3. 交易费用

表 5 展示了交易费用的中介效应,结果显示,农地确权提高了村庄层面农地流转的概率,即降低了农地流转过程中搜寻交易对象等行动发生的交易费用,并且交易费用的降低提高了农户转出农地和转入农地的概率。因此,农地确权通过重新界定农户的土地产权,降低了土地流转过程中产生的交易费用,从而提高了农户转出土地和转入土地的概率。

表 5　交易费用的中介效应

	村庄农地流转比率 模型 13	农地转出 模型 14	农地转入 模型 15
农地确权	0.035 ***	0.112	0.031
	(0.01)	(0.15)	(0.10)
村庄农地流转比率		4.121 ***	4.451 ***
		(0.30)	(0.21)

	村庄农地流转比率 模型 13	农地转出 模型 14	农地转入 模型 15
控制变量	控制	控制	控制
常数项	0.154***	−6.030***	−2.125***
	(0.03)	(0.85)	(0.46)
样本量	4250	4248	4248
R 平方	0.072	0.170	0.135

注:(1) 括号内数值为家庭层面稳健聚类标准误;(2) *、**、***分别表示 $p<0.1$、$p<0.05$、$p<0.01$;(3) 样本量减少的原因是参与回归的控制变量数据缺失严重。

(三) 农户生计的作用机制

模型 16 和模型 17 为加入农地确权和农户农业收入占比之后的回归结果。农地确权与农户生计的交互项对农地转出的影响不显著,对农地转入呈显著的正向影响,即随农户家庭农业收入占比增加,农地确权对农户农地转入的正向影响显著增强。可能的原因是农户家庭农业收入占比越高,农户对土地的依赖程度越高,且这部分农户有务农经验和种植技术,扩大农业生产规模将提高他们的家庭收入水平,因此随农户家庭农业收入占比增加,确权对农户农地转入的影响逐渐增强。

表 6　农户生计的调节作用

	农地转出 模型 16	农地转入 模型 17
农地确权×农户生计	−0.344	0.264**
	(0.45)	(0.11)
农地确权	0.073	0.283***
	(0.30)	(0.10)
农户生计	−0.578**	0.143***
	(0.26)	(0.05)
控制变量	控制	控制
常数项	−4.743***	−1.363***
	(0.80)	(0.42)

	农地转出 模型 16	农地转入 模型 17
样本量	4234	4234
R 平方	0.049	0.055

注:(1) 括号内数值为家庭层面稳健聚类标准误;(2) *、**、*** 分别表示 $p<0.1$、$p<0.05$、$p<0.01$;(3) 样本量减少的原因是参与回归的控制变量数据缺失严重。

接下来,对不同生计类型的农户农地流转行为进行分组回归,结果见表 7 和表 8。首先,将农地转出作为被解释变量,可以发现,农地确权后,非农兼业户和纯农户转出土地的概率大于不转出土地的概率。非农兼业户对土地的依赖程度较低,且农户有非农务工经验和能力,转出土地有助于为农户在城市务工提供部分资金支持,也能够释放剩余的农业劳动力到非农部门。因此,农地确权后,非农兼业户转出土地的概率大于不转出土地的概率。纯农户对土地的依赖程度较强,土地既是他们的就业保障也是养老保障,当土地流转市场发育不健全,土地产权不稳定时,纯农户为保障土地经营权不会轻易放弃农业生产。反之,当农地产权稳定后,有能力的纯农户也可能通过获得土地租金和非农务工提高家庭收入,即发生了生计类型的改变。因此,农地确权后,纯农户转出土地的概率大于不转出土地的概率这一结论符合现实。

其次,将农地转入作为被解释变量,结果表示,对纯农户而言,农地确权后,农户转入农地的概率大于不转入农地的概率。表明,农地确权很有可能通过提高农户农业生产预期收入的稳定性,激励农户转入土地。而农地确权后,非农户和兼业户转入农地的概率没有显著变化,可能的原因是城镇化背景下,大多数农户不再将务农作为主要生计来源,农地确权对他们的激励作用不显著。

表 7　农地确权对不同生计类型农户农地转出的影响

	非农户 模型 17	非农业兼业户 模型 18	农业兼业户 模型 19	纯农户 模型 20
农地确权	0.136	0.943**	1.117	1.461**
	(0.17)	(0.37)	(0.82)	(0.70)
控制变量	控制	控制	控制	控制
常数项	−4.913***	−3.451	−2.471	4.066
	(0.89)	(2.15)	(4.64)	(3.32)

续　表

	非农户 模型 17	非农业兼业户 模型 18	农业兼业户 模型 19	纯农户 模型 20
样本量	2349	603	171	170
R 平方	0.035	0.107	0.235	0.237

注:(1) 括号内数值为家庭层面稳健聚类标准误;(2) *、**、*** 分别表示 $p<0.1$、$p<0.05$、$p<0.01$。

表 8　农地确权对不同生计类型农户农地转入的影响

	非农户 模型 21	非农业兼业户 模型 22	农业兼业户 模型 23	纯农户 模型 24
农地确权	0.186	−0.202	0.361	0.684*
	(0.13)	(0.23)	(0.31)	(0.40)
控制变量	控制	控制	控制	控制
常数项	−1.857***	−1.933*	−1.955	0.636
	(0.59)	(1.07)	(1.43)	(2.12)
样本量	2349	613	353	211
R 平方	0.038	0.065	0.081	0.167

注:(1) 括号内数值为家庭层面稳健聚类标准误;(2) *、**、*** 分别表示 $p<0.1$、$p<0.05$、$p<0.01$。

(四) 稳健性检验

本文选择使用 2015 年截面数据对上述回归结果进行稳健性检验(见表 9)。筛选数据后,最终得到 2015 年样本 9078 份。回归结果显示,农地确权显著提高了农户农地流转的概率,且对农地转出和农地转入的促进作用也分别在 1% 和 5% 的水平上显著。分别对劳动力转移、农业生产激励、交易费用三个中介变量进行回归,得到的结果与上述混合面板回归得到的结果一致(回归结果见表 10)。

表 9　农地确权对农地流转的稳健性检验结果

	农地流转	农地转出	农地转入
农地确权	0.243***	0.419***	0.149**
	(0.06)	(0.10)	(0.06)
控制变量	控制	控制	控制
常数项	−1.602***	−5.536***	−1.083***
	(0.36)	(0.63)	(0.41)

续　表

	农地流转	农地转出	农地转入
样本量	6515	6490	6515
R 平方	0.013	0.047	0.030

注：＊、＊＊、＊＊＊分别表示 $p<0.1$，$p<0.05$，$p<0.01$。

表 10　农地确权对农地流转的中介机制稳健性检验结果

	释放劳动力	农地转出	时间投入	农地转入	交易费用	农地转出	农地转入
农地确权	0.013＊＊	0.414＊＊＊	0.737＊＊＊	0.141＊＊	0.024＊＊＊	0.334＊＊＊	0.046
	(0.01)	(0.10)	(0.25)	(0.06)	(0.00)	(0.10)	(0.07)
释放劳动力		0.403＊					
		(0.23)					
时间投入				0.007＊＊			
				(0.00)			
交易费用						4.131＊＊＊	4.185＊＊＊
						(0.25)	(0.18)
控制变量							
常数项	0.063＊＊	−5.856＊＊＊	14.671＊＊＊	−1.294＊＊＊	0.183＊＊＊	−6.996＊＊＊	−2.077＊＊＊
	(0.03)	(0.59)	(1.44)	(0.38)	(0.03)	(0.62)	(0.40)
样本量	6515	6490	6430	6430	6515	6490	6515
R 平方	0.176	0.048	0.042	0.030	0.057	0.130	0.122

注：＊、＊＊、＊＊＊分别表示 $p<0.1$，$p<0.05$，$p<0.01$。

五、结论与建议

本文基于 2013 年和 2015 年 CHFS 面板数据，运用二元面板 logit 模型研究不同农户生计类型下农地确权对农地流转的影响，并检验了农地确权对农地流转的影响机理，最后进行了稳健性检验。结果发现：首先，农地确权积极促进了农户参与农地流转，提高了农户参与农地转出的概率和农地转入的概率，这一结果与李江一[6]同样使用两年 CHFS 数据得到的结论存在差异，原因可能是本文研究的是耕地确权和流转问题，并且在变量选择等方面也存在不同。其次，农地确权通过释放农村剩余劳动力到非农产业,提高了农户参与农地转出的概率;农地确权通过激励农户农业生产投入,提高了农户转入农地的概率;农地确权通过降低交易费用,分别提高了农户农地转出和农地转入的概率。最后,在农户生计的调节作用下,农地确权对农地转入的正向影响加强。另外,农地确权对不同生计类型的农户农地流转行为的影响具有明显差异,农地确权后,非农兼业户和纯农户都有可能成为土地供给方,纯农户同时也是土地需求方。

　　基于文章研究结果,本文认为农地确权激励农户参与土地流转市场的积极作用不可忽视,但农地确权并非提高了所有农户参与土地流转市场的概率。从不同生计类型农户视角出发,农地确权对纯农户的影响最大,纯农户既是潜在的土地供给方,也是潜在的土地需求方。针对上述研究结论,本文认为农地确权后应做到以下三点:一是尽快完善城乡社会保障体系,引导非农户和兼业户转出农地。农地确权对非农户和农业兼业户的土地转出作用不显著,可能是因为非农户和兼业户对土地的心理依赖程度较强,重视土地的就业保障和养老保障功能。因此,提高农户的非农就业保障和城市养老保障水平,将有助于进一步推动农户土地流转。二是加强对农户的非农就业技能培训。农地确权后,纯农户也可能因为农地产权的稳定性尝试外出就业,只有提高外出就业农户的就业水平和市场竞争力,才能保障就业的稳定性,从而促进土地流转。三是尽快培育新型职业农民,吸引优秀的农民通过流转农地扩大土地经营规模。农地确权促进了纯农户的农地转入,但普通农户的经济实力和管理能力等都无法承担大规模的土地经营,因此,需加快培育职业农民,提高农业生产效率。

参考文献:

[1] 郑阳阳,罗建利.农户缘何不愿流转土地:行为背后的解读[J].经济学家,2019(10):104-11.

[2] 王倩,管睿,余劲.风险态度、风险感知对农户农地流转行为影响分析——基于豫鲁皖冀苏1429户农户面板数据[J].华中农业大学学报(社会科学版),2019(06):149-158+167.

[3] 田传浩,贾生华.农地制度、地权稳定性与农地使用权市场发育:理论与来自苏浙鲁的经验[J].经济研究,2004(01):112-119.

[4] 程令国,张晔,刘志彪.农地确权促进了中国农村土地的流转吗?[J].管理世界,2016(01):88-98.

[5] 林文声,秦明,苏毅清,等.新一轮农地确权何以影响农地流转?——来自中国健康与养老追踪调查的证据[J].中国农村经济,2017(07):29-43.

[6] 李江一.农地确权如何影响农地流转?——来自中国家庭金融调查的新证据[J].中南财经政法大学学报,2020(02):146-156.

[7] Min S, Waibel H, Huang J. Smallholder participation in the land rental market in a mountainous region of Southern China: Impact of population aging, land tenure security and ethnicity[J]. Land Use Policy, 2017, 68: 625-637.

[8] Do Q T, Iyer L. Land titling and rural transition in Vietnam[J]. Economic Development and Cultural Change, 2008.

[9] 朱兰兰,蔡银莺.农户家庭生计禀赋对农地流转的影响——以湖北省不同类型功能区为例[J].自然资源学报,2016,31(09):1526-1539.

[10] 孙小宇,林丽梅,许佳贤.农地依赖、农地流转行为与农户分化——基于福建省209个农户的调查数据分析[J].农村经济,2019(06):22-31.

[11] 许恒周,郭忠兴,郭玉燕.农民职业分化、养老保障与农村土地流转——基于南京市372份农户问卷调查的实证研究[J].农业技术经济,2011(01):80-85.

[12] 许恒周,郭玉燕,石淑芹.农民分化对农户农地流转意愿的影响分析——基于结构方程模型的估计[J].中国土地科学,2012,26(08):74-79.

[13] 章政,祝丽丽,张涛.农户兼业化的演变及其对土地流转影响实证分析[J].经济地理,2020,40(03):168-176+184.

[14] 廖洪乐.农户兼业及其对农地承包经营权流转的影响[J].管理世界,2012(05):62-70+87+187-188.

[15] 钱忠好.非农就业是否必然导致农地流转——基于家庭内部分工的理论分析及其对中国农户兼业化的解释[J].中国农村经济,2008(10):13-21.

[16] 苏群,汪霆菲,陈杰.农户分化与土地流转行为[J].资源科学,2016,38(03):377-386.

[17] 聂建亮,钟涨宝.农户分化程度对农地流转行为及规模的影响[J].资源科学,2014,36(04):749-757.

[18] 许庆,陆钰凤.非农就业、土地的社会保障功能与农地流转[J].中国人口科学,2018(05):30-41+126-127.

[19] 谢琳,罗必良.土地所有权认知与流转纠纷——基于村干部的问卷调查[J].
中国农村观察,2013(01):2-10+20+90.

[20] Giles J. Village political economy, land tenure insecurity, and the rural
to urban migration decision: evidence from China[J]. American Journal
of Agricultural Economics, 2018, 100(2).

[21] 李金宁,刘凤芹,杨婵.确权、确权方式和农地流转——基于浙江省522户农
户调查数据的实证检验[J].农业技术经济,2017(12):14-22.

[22] 胡新艳,陈小知,王梦婷.农地确权如何影响投资激励[J].财贸研究,2017,
28(12):72-81.

[23] 胡新艳,罗必良.新一轮农地确权与促进流转:粤赣证据[J].改革,2016
(04):85-94.

[24] 钱忠好.农村土地承包经营权产权残缺与市场流转困境:理论与政策分析
[J].管理世界,2002(06):35-45+154-155.

[25] 付江涛,纪月清,胡浩.新一轮承包地确权登记颁证是否促进了农户的土地
流转——来自江苏省3县(市、区)的经验证据[J].南京农业大学学报(社会
科学版),2016,16(01):105-113+165.

[26] 吕守军,代政,孙健.社会养老、代际支持与土地流转——基于CHARLS数
据的实证分析[J].经济经纬,2019,36(06):25-31.

[27] 黄佩红,李琴,李大胜.新一轮确权对农户农地转出的影响机理[J].农村经
济,2019(05):17-28.

[28] 刘同山,牛立腾.农户分化、土地退出意愿与农民的选择偏好[J].中国人
口·资源与环境,2014,24(06):114-120.

[29] 庄晋财,卢文秀,李丹.前景理论视角下兼业农户的土地流转行为决策研究
[J].华中农业大学学报(社会科学版),2018(02):136-144+161-162.

[30] 马贤磊,仇童伟,钱忠好.农地产权安全性与农地流转市场的农户参与——
基于江苏、湖北、广西、黑龙江四省(区)调查数据的实证分析[J].中国农村
经济,2015(02):22-37.

The Effect of Farmland Confirmation on Farmland Transfer of Farmers: From the Perspective of Farmers' Livelihood

Hengzhou Xu, Kunzai Niu

(School of Management and Economics, Tianjin University,
Tianjin 300072, China)

Abstract: Farmland transfer is an inevitable trend in the reform of the rural land system. It is also one of the important ways to promote the implementation of the rural revitalization strategy and realize the modernization of agriculture and rural areas. With the rapid development of urbanization and the continuous advancement of farmland ownership affirmation, whether or not farmers are willing to participate in the farmland transfer has become a hot issue of social and policy concern. For this reason, based on the relevant literature, this paper uses the dual panel logit model to examine the impact and effect of farmland ownership affirmation on farmland transfer behavior of farmers based on the 2013 and 2015 China Household Finance Survey (CHFS) data. At the same time, it has screened the impact of farmland ownership affirmation on farmland transfer behavior under groups of different livelihoods, and conducted a robustness test using cross-sectional data in 2015. The research findings are that: (1) Farmland ownership affirmation can increase the probability of farmers participating in farmland transfer as a whole, and increase the probability of farmland transfer-out and transfer-in. (2) Farmland ownership affirmation can positively affect farmland transfer-out

by releasing rural surplus labor to the non-agricultural in-
dustry sector and positively affect farmland transfer-in by
encouraging farmers' agricultural production input. It also
positively affects farmland transfer-in and transfer-out by re-
ducing transaction costs. (3) Under the regulation of
farmers' livelihoods, the positive impact of farmland confir-
mation on the transfer of farmland has increased.
Specifically, the impact of farmland confirmation on the
farmland transfer of farmers with different types of liveli-
hoods is different. Farmland ownership affirmation
positively affects the land transfer-out of non-agricultural
households and pure farmers' farmland, and at the same
time positively affects the farmland transfer-in of pure farm-
ers. In order to guide different types of farmers to participate
in the land transfer market according to their own needs, the
government should improve the urban and rural social secur-
ity system to reduce the dependence of non-agricultural
households and part-time households on land for the elderly.
At the same time, it should strengthen non-agricultural em-
ployment skill training for farmers to enhance the willingness of
transfers and the capability to leave agricultural land and en-
gage in non-agricultural employment in cities and towns. Fi-
nally, cultivating new types of professional farmers and at-
tracting outstanding professional farmers is required to ex-
pand the scale of land management through circulation.

Key Words: farmland confirmation; farmland transfer; farmer's
livelihood

地权稳定性与农户土地投入：
法律与现实双重视角的山东省实证

荣文祺[1,2]，吕　晓[2,3]

(1. 南京农业大学公共管理学院，江苏　南京 210095；

2. 曲阜师范大学地理与旅游学院，山东　日照 276826；

3. 东北大学文法学院，辽宁　沈阳 110169)

摘　要　为综合考察法律层面与现实背景下的地权稳定性对农户土地投入行为产生的影响，将古典决策理论、平均干预效应(ATT 模型)与农民对土地投资的现实情况相结合构建理论分析框架，一方面以法律稳定的视角比对农民在不同地权约束条件下的土地投资决策倾向，另一方面基于"反事实"倾向得分匹配的方法(PSM)克服数据内生性问题。在此基础上，基于 2018 年山东省 389 份农户问卷调查数据实证分析农地确权颁证对农户土地投入行为的影响机制。结果表明：① 国家通过颁布系列政策法规保障农村土地产权的法律稳定，地方政府也进行了具体落实。② 受土地政策、制度颁布等约束条件的限制，地权的法律稳定性关系到土地随意变动的发生概率大小(P 值)，进而会对农民土地投入的决策行为产生直接影响。③ 确权颁证与农户租入农地经营面积、家中农业活动劳动力人数以及农业生产投入量三者的相关性均较为显著，说明农地确权颁证对农户合理投资行为具有积极促进作用，且估计结果较稳健。④ 为确保如期完成确权任务、实现政策预期，应充分体现农民主体地位，提高农民各阶层的政策认知水平，逐步完善农村社会保障制度，扎实推进确权工作的落实。

关键词　地权稳定性；确权颁证；土地投入；农户；山东省

收稿日期：2020 - 3 - 25

基金项目：国家自然科学基金面上项目(41671176)；辽宁省"兴辽英才计划"资助项目(XLYC1807060)。

作者简介：荣文祺(1996—　)，女，山东临淄人，硕士研究生。主要研究方向：土地经济与制度。
E-mail：17862325944@163.com。

通讯作者：吕晓(1984—)，男，山东茌平人，教授、博士生导师。主要研究方向：土地经济与政策。
E-mail：xl1030@foxmail.com。

赋予农民更充分、更有保障的土地承包经营权是当前中国农村土地制度改革的基本方向[1]。伴随着工业化、城镇化进程的不断推进以及农业现代化的快速发展,农民集体所有、家庭承包的农地经营模式表现出了较多弊端,现有的小规模农业生产模式与外部市场资源丰富、农业生产率高的现代农业发展之间的矛盾愈发突出[2]。尽管中央在土地二轮延包中就明确了"增人不增地、减人不减地"的产权稳定政策,但仍有较多村组存在对农地肆意调整的现象[3]。尤其是,随着城乡一体化的不断推进,将仍有较多农地被纳入征地范围,而正是由于这种地权结构不稳定,增大了农户经济权益损失的可能性[4]。无论是在正式抑或非正式制度框架下,土地产权的感知安全都是农户投资决策行为最为直接的影响路径。仇焕广等发现,土地使用权的稳定性会影响农民对农地安全保障的信心、未来预期及信贷可获得性,进而作用于农民是否愿意采用新技术、新品种等决策意愿以及对土地的具体投资行为,从而影响农业的生产效率[5]。国外有学者认为土地冲突或被征用的风险减低了某些类型投资的预期收益,从而削弱了投资动机[6];如果在投资收益增加的时间段内,无法确定自己获得的土地权利能否得到维持,那么固定不变的投资或未来可能存在回报收益的投资行为就不再具有吸引力[7]。理论分析与实地调查均发现,这些产权不明晰、不稳定的表现不仅会增加农户对农地交易不确定性而产生的心理负担感,而且会阻碍其农地流转行为或更易引发农地纠纷;同时还会妨碍农户对农地进行相关投资,降低农地资源利用配置效率,影响农业的可持续发展。

众多学者普遍认为农地确权对地权结构稳定性的具体影响程度与农民参与土地调整的实际经历密切相关,以此表现出一定的异质性[8-11]。农地确权政策的实施是通过产权登记、颁发具有正式法律效力的产权证书以法律形式直接赋予农地正规资格,实现产权正规化,进而提高农地经营主体的产权安全性与保障度。显然,确权登记颁证在法律层面上属于产权界定的范畴,是对土地产权的约束与保障。而有研究者认为农民针对不同地权状态而产生的投资力度差异会因农地确权进一步扩大[12]。借此,本文将以现实社会背景下的农地确权颁证情况作为反映地权事实稳定的代表性变量(核心变量),进一步验证确权颁证能否切实有效地提高农民的地权稳定性预期进而正向激励其农业投入行为,换言之即对确权政策绩效结果的现实性检验。

尽管农地产权制度改革与农户土地投资行为两者关系在以往的经验分析中仍未能达成一致性结论,但是农户对农地的合理投入一直被作为农地确权政策绩效的重要表征之一。受制于我国农地流转市场不完善和金融信贷市场机制不健全的双重影响，其观点结论不一致的原因可归结为如下方面：界定范围不统一、衡量指标的差异、农业投资类型的不同以及经济模型和统计数据处理缺陷等诸多因素，尤其是基于农地产权安全性而产生的内生性偏误。其中多数学者的观点认为，通过颁证以达确权目的，对农民的土地投入行为能够产生积极的促进作用。米运生等认为该促进作用表现为增强排他能力而降低地权保护成本[13]；黄季焜等认为颁证即意味着地权不可再随意变动，从而稳定了农地产权的未来预期[14]；而林文声等认为确权颁证通过增强地权市场化交易，保障了农民收回投资收益的信心[15]。而也有学者持相反的看法，他们认为农地产权安全与农业投资两者间不存在显著相关性，Heerink 等认为其原因可能是农村地块间的流动性限制从而导致由产权安全所产生的投资需求无法得到充分满足[16]；Linkow 等发现国别间土地市场的完善度差异同样会对确权的政策绩效产生实质性的影响，市场机制的不健全将会导致农户的确权行为对农业长期投资的正向投资激励作用不能被观测到[17]。对非洲部分国家的实证分析也向产权安全激励机制提出了挑战，他们认为农地确权针对他们本土的农业投资而言并不能够产生任何影响[18]。而在中国，钱龙等的研究表明，在确权初期农地的产权安全在法律层面上并没有得到充分认可，导致所签订的承包协议在当时并不具有正规有效的保障效力，从而削弱了一些农户对确权政策的心理预期，最终使得确权不足以充分调动农户对农地长期投资积极性[19]。

综合已有文献来看，在农地确权颁证对农户投资行为的影响分析中，主要是通过将某一实物投资（如有机肥施用量）作为单角度测度工具进行实证分析，部分文献仅有逻辑推断，缺少数理证明；此外，在数据处理中鲜有文献能较为有效地妥善处理潜在的内生性问题如缺失变量、选择性偏差等，从而导致其估计结果可能存在偏误。鉴于此，本文从法律稳定与事实稳定两个视角分别研究地权稳定性对农户农地投入决策行为的影响。在法律层面，以古典决策理论为基础，探究政策制度约束条件对农户土地投入行为的保障机制。在现实层面，构建农户确权颁证影响其投资行为的理论分析框架，基于人力物力财力横向三维的平行视角，将农户的农地投资行为用农地租入面积（亩）、农业活动劳力人数（人）以及农业生产投入量（元）等 3 项指标加以综合衡量。此外，为尽可能修正估计偏误而采用倾向得分匹配法（PSM）为主要计量模型，利用 2018 年山东省抽样地区的自然村共 389 户农户 1681 个地块微观调查的一手样本数据进行实证分析，用以考察产权稳定性与农民土地投入的响应机理,并试图检验农地确权颁证对农户投资行为激励机制之间的耦合关系,以期为提高土地政策执行绩效提供参考依据。

一、理论框架与研究方法

(一)理论框架

改革是农业农村发展的不竭动力。自开始实行家庭联产承包责任制以来,党中央、国务院颁布和实施了一系列政策措施,推动农村土地承包经营权长期稳定。1984年,中央确定土地承包限期必须"15年不变"、"大稳定、小幅调整";1993年开始倡导在土地承包期内实行"增人不增地,减人不减地"政策;1998年,在部分地区上一轮土地承包即将到期之际,中央又明确提出"要坚定不移地实施土地承包到期后延长30年"的政策。2017年,中共十九大报告再次提出30年土地延包政策,强调在新形势下全面深化农村改革仍需把处理好农民与土地的关系作为全党的工作重心。尽管国家强烈希望土地承包者能够依法拥有稳定的土地承包经营权,但由征地或其他原因造成的土地调整仍频繁出现,进而带来了大量耕地的生产细碎化、分散化,阻碍规模经营,降低农户地权稳定性预期,影响其对农地的长期投资意愿,不利于加快实现农民增收和促进农业现代化发展。此外,在现行农地产权制度下,也还存在着土地法律制度不完善、市场机制不健全等问题,这些共同构成了影响地权稳定的差异性因子。那么,新一轮的农地确权政策实施是否能有效提高地权稳定性进而促成农户的土地长期投资行为作为本文重点探究的问题。

在法律层面,长期以来我国实行的是城乡二元土地管理制度。与城市相比,农村土地制度凸显出更多的不稳定特征,突出表现为农地使用权的不稳定。同时,还存在市场因素(土地供需)以及非市场因素(地理区位、土壤肥沃度)等影响地权变动概率的因素。而这些因素的作用程度均会受到制度条件的约束限制,并最终作用于个体特征迥异的农户。农户基于个体特征差异(如:土地利用目标、政策认知水平、行为风险预估值等)做出不同土地投资决策,即农户依据个人偏好决定在本生产季度投资完成后是否会对土地进行下一轮(短期)或更长期的投资行为。当农户放弃继续土地投入时,会选择转出农地或休耕、撂荒同时进行非农就业;而当农户认为进行土地投入能够实现收益最大化时,会进一步考虑是否长期从事农业生产以实现规模经营抑或进行短期投资维持小农状态（兼业状态）。综合考虑上述引致地权稳定性变化的多种因素并结合农户对土地投资的现实情况，以古典决策理论为基础提出基本经济假设，在此基础上考察农户在不同地权约束条件下的土地投资效用及其投资决策倾向，进而比对不同投资决策下的绩效损益，以探究政策制度约束条件对农户土地投入行为的保障机制。

当然，在现实中为落实稳定农民土地承包经营权这一政策要求，首要任务是要做好农村承包地的确权登记颁证。在现实层面，考虑到样本农户的农地确权颁证并非地域间随机分配的结果，因而选定家庭特征与村庄特征共同作为协变量用以降低两组样本间系统性概率分布差异。通过构建确权颁证影响农户土地投资行为的理论分析框架，将农户投资行为用农地租入面积（亩）、农业活动劳力人数（人）以及农业生产投入量（元）等3项指标借助倾向得分匹配（PSM）这一计

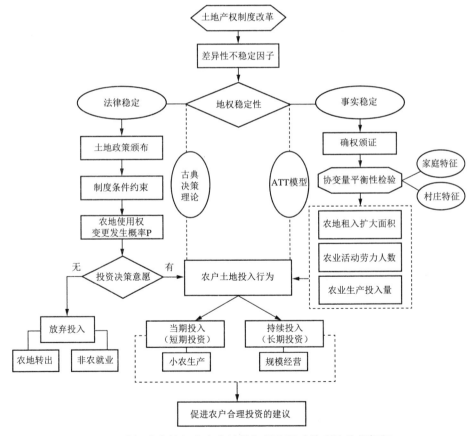

图1　地权稳定性与农户土地投入行为影响的理论分析框架

量模型求算平均干预效应值（ATT），在修正模型估计偏误的基础上结合调研的农户样本数据进行实证分析，以检验地权稳定对农户土地投入的影响机制——通过"确实权、颁铁证"，才能让农民"吃上定心丸"，进而刺激农民对农地的长期合理投资或合理流转，最终推动农业农村可持续发展。

（二）法律层面理论分析

1. 基于古典决策理论的假设

首先，假设农民是理性的经济人，追求最大化效用值。

其次，农民的土地投入行为，即农民在生产过程中决定投入要素比例的农业行为。假设农民的土地资源禀赋初始值为 L；在生产季度末原始土地产能收益为 Y。农民投入的数量为 K，可以带来的土地价值则是 αK（α 是土地增值系数，$\alpha > 1$），最终土地投资能获得的收入增加值为 ΔY。另外，假设农民在生产季度末失去土地使用权的概率为 P（$0 \leqslant P \leqslant 1$）。

最后，当农民被剥夺土地使用权时，他们可以得到的补偿费是 M。

2. 农户土地投入决策矩阵

表1　农民不同土地投入决策行为效用矩阵

决策	地权稳定	地权不稳定
不投资	$U_1 = Y + L$	$U_3 = Y + L(1-P) + PM$
投资	$U_2 = Y + \Delta Y + L + K(\alpha - 1)$	$U_4 = Y + \Delta Y + (1-P)(L + \alpha K) + PM - K$

注：表中函数为农民在不同地权制度稳定性的影响下选择不同土地投资行为所能取得的效用函数。在决策列中的是否投资行为是指在正常的生产投入的前提下，农民是否选择对土地进行长期合理投资。

从基本经济假设中，不难发现在所涉及的所有变量中存在着农户不能把握的不确定因素——由外界制度环境变化而所被迫导致农户原本持有的土地使用权发生变更转移，这就是地权稳定性差异化的表现。地权稳定即意味着在该生产季度末失去土地使用权的发生概率为零；反之，地权不稳定即意味着存在被剥夺使用权的风险概率。

农民基于自身对投资风险的评估与预期回报收益两者的综合衡量，最终依据个人偏好在不同的地权稳定制度下做出相对应的投资决策。而农民是否会对土地进行长期合理的生产投入主要取决于投资效用差，即 ΔU。在同一土地制度条件下，若效用差为正值，农民将会选择对其进行长期投资；反之，若效用差为负值，农民则更倾向于对农地进行短期投入。

在稳定的地权制度下，农民的不同生产投入行为所带来的决策效用差是

U_2-U_1，记作：$\Delta U=\Delta Y+K(\alpha-1)$。在进行正常土地投入的前提下，生产的农地产品其附加值 $\Delta Y\geqslant0$，且 $K(\alpha-1)>0$，据此可判断 $\Delta U\geqslant0$ 必然成立。因此，稳定的农地制度将会激励寻求最大化利益的农民进行长期的土地投资。

在不稳定的地权制度下，其不同土地投入决策行为所带来的效用差值 (U_4-U_3) 则是：$\Delta U=\Delta Y+\alpha K(1-P)-PK$。而 ΔU 将由被剥夺土地使用权的概率 P 值来确定。土地使用权发生变化的概率临界值是：$P^*=1-\dfrac{K-\Delta Y}{\alpha K}$。

因此，当 $P^*\leqslant1-\dfrac{K-\Delta Y}{\alpha K}$ 时，作为理性经济人的农户会选择长期的土地投资；

相反，当 $P^*>1-\dfrac{K-\Delta Y}{\alpha K}$ 时，农户将只投资于短期的土地生产活动。

以土地使用权变更这一不确定因素为背景可划分两类农户群体：乐观农户、悲观农户。乐观的农户在面对地权结构稳定性发生改变时（即表现为地权不稳定时），他们会倾向于对农地进行长期投资，期待高风险投资可能带来的高额收益；而相对悲观的农户则会偏向选择短期投资以实现在低风险的环境下保全自己的非理想化收益。

根据以上分析可以得出：稳定的农地制度将会刺激理性农民进行长期合理的土地投资，寻求实现经济效益的最大化；而地权制度不稳定，便意味着存在地权随意变动的发生概率 P，该值的大小将会直接影响到农民具体的土地投资决策行为。土地产权的长期稳定有利于保障全体农民在获取劳动经济回报收益时的确定性与安全感，不断提高其生产积极性和农业生产率。不稳定的地权降低了他们对于自家经营地块未来投资收益的确定性与可得性的乐观预期，弱化了其在农业中长期投资方面的动力，使其对耕作层土壤保护意识变弱，最终导致土地产出效率下降，存在经济学上的"担保效应"。因此，合理明确的土地产权变更方式可以有效减低农民预期的不确定性，使农民更加合理地选择生产投入方式，最终实现经济效益最大化。

3. 农户基于地权制度的决策经济效用分析

当农户的投资决策为拒绝，即选择不对土地进行长期投资时，稳定与不稳定的地权制度所产生的经济效用差为 $\Delta S=U_1-U_3=P(L-M)$。显然，由基本假设可知 $0\leqslant P\leqslant1$，所以当且仅当 $L\geqslant M$ 时，有 $\Delta S\geqslant0$。而效用差 $\Delta S\geqslant0$ 等价于 $U_1\geqslant U_3$，意味着农户在选择不对农地进行长期投资的条件下，只要土地本身所带来的价值 L 不低于转移土地使用权而获取的补偿费用 M，稳定的地权制度所带来的效用值就会更具优势，因而农户便更倾向于地权稳定。

当农户所选择的生产决策为进行土地长期投资时，由两种稳定性不同的地权制度所产生的经济效用差额为 $\Delta S = U_2 - U_4 = P(L + \alpha K - M)$。同理，由效用差额表达式可知，当且仅当 $(L + \alpha K) \geqslant M$，即可实现 $\Delta S \geqslant 0$，由此可以推导出 $U_2 \geqslant U_4$。即在农户选择对土地进行长期投资的前提下，只要满足被剥夺土地使用权所获得的补偿款 M 小于土地资源禀赋的初始值 L 与投资后增值价值 αK 这两者之和，农民就会偏好选择稳定的地权制度。

因此，农业生产经营主体在面对地权结构不稳定的制度框架时，农户所承担的权益损失分别为上述两种情况的经济效用差 ΔS。基于中国现实情况的考虑，不稳定的地权制度所带来的经济损失一般为正值[23]。而经模型推导后发现，损失的权益值大小与农户在生产季度末失去土地使用权的概率 P、土地增值系数 α、土地的资本投入数量 K 等因素密切相关，且与三者均呈负相关关系。

（三）研究方法

鉴于中国农地确权政策的落实需要当地政府与农户两者协同作用来共同实现，如果直接处理两组农户数据将难以确保两组样本的分布概率是一致的；并且，由于传统模型例如普通最小二乘法（OLS）估计的多元线性模型难以有效解决可能存在的由样本选择性偏差、遗漏关键变量等造成的内生性问题，本文试图借助控制变量与采用"反事实"情景假设的倾向得分匹配法（Propensity Score Matching, PSM），消除样本非随机分布和反向因果关系等引起的估计偏误。该方法的基本思想是将处理组（确权组）与控制组（未确权组）通过一定方式进行匹配后，在其他条件相同的情况下，分析两组样本在农业投资表现上的差异，从而对农地确权颁证与农户土地投资行为的实证关系进行稳健性的因果推断。具体分为三个阶段：

第一阶段，根据"是否持有'农村土地承包经营权证书'"这一变量将样本农户分成处理组（T，表示完成承包地确权登记的农户）与控制组（C，表示未完成承包地确权颁证的农户）两类。由此建立二元虚拟变量 $D_i = \{0, 1\}$。当 $D_i = 1$ 时，表示该农户 i 完成确权登记工作；当 $D_i = 0$ 时，表示该农户 i 未完成确权工作，以此比较两组样本在不同状态下是否存有系统性差异。

根据以上估计思路，设定 Y_i 为农户进行农业生产投资行为的结果变量，那么，对于农户 i 来说，其农业生产投入行为可以记作：

$$Y_i = \begin{cases} Y_{1j}, 若 D_i = 1 \\ Y_{0j}, 若 D_i = 0 \end{cases} \qquad (式1)$$

其中，Y_{1j} 表示完成确权登记颁证的农户投资行为，Y_{0j} 表示未完成确权工作的农户投资行为。另外，$j = 1,2,3$ 分别表示农地租入扩大面积、农业活动劳力人数和农地生产投入量。

依照 Rubin"反事实"估计的设定要求，将确权颁证对农户农业投资行为影响的平均处理效应（ATT）定义为如下公式：

$$ATT = E(Y_{1j} - Y_{0j} \mid D_i = 1) = E(Y_{1j} \mid D_i = 1) - E(Y_{0j} \mid D_i = 1)$$

$$(式2)$$

那么，平均处理效应的标准估计（ATT）测度的是处理组样本（即完成确权颁证工作的农户）在进行确权工作前后土地投入水平变化的期望值差值。

在公式（2）中两部分的期望值均值是非事实且不可观测的，故需要尽可能找到与其相似的对照组，以便能有效地降低样本间的选择性偏差。匹配过程可以使两组样本农户所有的特征变量都尽可能保持一致，但由于这些特征变量的权重在多数情况下难以衡量，因此需要进行具体的模型量化处理。

由此进行第二阶段，计算倾向得分。基于倾向得分匹配将众多指标合成一个倾向得分（propensity score），而后采用二元估计模型来计算农户确权选择的概率值。即基于二项 Logistic 回归模型构建农户确权颁证的决策方程，以此来估计条件概率的拟合值。

$$\text{Logit}(P_i) = \ln\left(\frac{P_i}{1 - P_i}\right) = \beta_0 + \sum_{i=1}^{n} \beta_i X_i + \varepsilon_i \qquad (式3)$$

式（3）中，P_i 表示农户 $i (i = 1,2,3,\cdots,n)$ 选择进行确权登记的概率；β_0 为常数项；β_i 为变量的估计系数；X_i 是影响农民确权的一系列因素，即匹配变量（协变量）或交互效应项。

用补充模型中的运行结果得到影响农户确权决策的显著变量 X_i，以此来估算农户 i 选择进行确权登记的概率：$P_i = P(D_i = 1 \mid X_i)$，即该农户的倾向得分。

$$P(X_i) = \text{Pro}(D_i = 1 \mid X_i) = \frac{\exp(\beta_i X_i)}{1 - \exp(\beta_i X_i)} \qquad (式4)$$

第三阶段是将这些匹配变量进行回归，确保完成配对的样本其协变量具有相同的概率分布。可采用最近邻匹配的方法对得分相近的农户进行匹配检验，顾名思义,基本思路是为每个已确权的样本农户前向或后向寻找唯一得分最为邻近的未完成确权登记的农户作为其匹配对象。最后,可依据倾向得分通过三种匹配方法得到与之对应的农地确权颁证的平均处理效应值(ATT 值)。

二、研究区概况与数据来源

(一)研究区概况

1. 地理区位及农业发展概况

山东省位于我国东海岸、黄河下游,气候类型为暖温带季风气候,雨热同期。地形条件较为复杂,东部多为半岛,西部和北部属黄泛平原,中、南部多为山地丘陵。其中平原地区占全省总面积的 56%,丘陵地区占全省总面积的 15.5%。

作为农业大省,主要从事小麦、玉米等粮食作物的种植,农业增加值长期稳居各省第一。全省土地总面积 1571.26 万公顷,其中,农用地 1166.60 万公顷,占土地总面积的 73.61%;而在农用地中,耕地 751.5 万公顷占比 47.8%,虽土地垦殖率高,但后备资源较少。

2. 农地确权的政策落实

自 2011 年开展农地确权登记试点工作以来,山东枣庄、临沂、泰安等地开展了先行试点工作,此后 2014 年山东省被列为全国首批整省试点单位。为能真正实现承包地的"四相符"与"四到户",通过安排两轮试点,采取了多种形式进行农地确权登记工作,最终摸索总结出一套符合农村实际的确权颁证"5123"工作法,即 5 个工作阶段、12 个工作步骤、3 榜公示制度,以此作为确权工作开展落实的基本准则并在全省范围内进行推广。

分析受访农户数据可知,地方政府关于强化农地产权政策的落实情况良好。具体来看:第一,截至 2018 年,调研地区的农地承包经营权证书发放率为 62.47%。第二,据调查问卷统计结果,农民享有基本的自愿、有偿流转、互换或集中农地的权利。到 2018 年,农户自愿进行农地流转的比例为 38.56%。

(二)数据来源

本文所用数据来源于笔者所在的曲阜师范大学课题组于 2018 年 6—9 月进行的农户问卷调查,采用参与式农村评估法(PRA)在山东省部分地区选取自然村并针对村庄内不同阶层人群进行访谈,通过入户访问的形式获取农户家庭成员情况、承包地利用情况、农机投入使用状况、农业收入情况等。共获取调研问卷411份,剔除部分存在信息缺失或前后数据不对应的无效问卷后,共得到389份有效问卷数据作为研究样本,样本有效率为94.65%。

（三）农户样本特征

本文所用数据共涉及样本农户389户,总计1372人,其中确权组家庭总人数910人,未确权组家庭总人数462人。从表2来看,具有劳动能力的共有992人,两组样本农户数据均显示出仅有三成左右的家庭成员目前在完全从事农业生产活动,且两组平均年龄相差不大。对调查数据总体分析可知,与从事其他职业的家庭成员相比,务农组的年龄偏大且大多集中在大于40岁的年龄段,年轻劳动力基本不再从事农业活动。从事非农就业的家庭成员年龄相对偏低,多以外出打工的青壮年为主。而兼业总人数所占比例略高于非农就业人数,其原因可能是随着新型城镇化的不断推进,农民拥有更多就业机会以获取更高的经济收益,但由于非农就业岗位的不稳定性和无法获得城市保障而被迫选择在城乡两地间奔走,导致出现这种"半市民化"现象[2,24]。

就纯农业农户而言,绝大多数文化水平并不高。在两组样本农户中均呈半数左右的农户为小学及以下水平,而仅有10%左右的农民具有高中及以上学历。对于此类纯农业农户而言,其平均年龄相对较大,加之人均受教育程度较低,因此在社会上仍处于弱势地位。由于受到知识水平和社会阅历的限制,其完全放弃农业而选择外出务工变得更加困难,因而其观念偏于保守或过于死板,对农地政策的认知水平也偏低,这可能会影响部分政策预期绩效的实现。

（四）指标选择与描述性统计分析

基于理论层面的分析并根据获取投资回报收益的时间长短,相应地将农地投资行为划分为:短期投资(多是从事小农生产的当期投入)和长期投资(偏向于选择规模经营的持续投入)两类。农业短期投资其主要目的在于获取更高水平的产出,通常包含施用农药、化肥、租赁机械成本等方面的投入;相比较而言,农业长期投资更加注重维持地力与保护土壤肥力,通常会有包括施用有机肥、秸秆还田、雇佣劳动力、购买机械等投入行为。关于农业长期投资的研究文献较多,一般认为施用有机肥可以算作由个体农户自发产生的真实经济投资行为而不同于其他某种可能存在公共支出性质的农业投资行为[25]。农业投资回报率的高低与投资收回的难易度均会对农户的投资行为产生影响。由于地权稳定性差异会影响土壤的长期保护性投资收回,相对而言农耕机械的购买投入不容易受到

表 2　样本农户职业分化与年龄、受教育程度

		已确权组农户特征							未确权组农户特征						
		纯农业农户		兼业农户				非农业农户		纯农业农户		兼业农户				非农业农户	
		人数	比例	一兼	比例	二兼	比例	人数	比例	人数	比例	一兼	比例	二兼	比例	人数	比例
年龄	≤40岁	25	7.14	6	11.32	76	52.78	71	66.98	8	4.76	8	18.60	33	38.37	30	71.43
	40~60岁	170	48.57	38	71.70	62	43.05	33	31.13	62	36.91	23	53.49	47	54.65	12	28.57
	≥60岁	155	44.29	9	16.98	6	4.17	2	1.89	98	58.33	12	27.91	6	6.98	0	0.00
受教育程度	小学及以下	200	57.14	19	35.85	44	30.56	6	5.66	104	61.91	24	55.81	15	17.44	2	4.76
	初中	107	30.57	24	45.28	65	45.14	36	33.96	52	30.95	16	37.21	45	52.33	18	42.86
	高中	29	8.29	8	15.10	12	8.33	5	4.72	8	4.76	1	2.33	16	18.60	6	14.29
	大专及以上	14	4.00	2	3.77	23	15.97	59	55.66	4	2.38	2	4.65	10	11.63	16	38.09

注：① 在兼业农户中，一兼农户是指从事以农业为主的兼业农户；二兼农户即以非农打工为主的兼业农户。② 表中比例单位为%。③ 表中不涉及未就业（不具有就业能力）的人数。

农地产权不稳定的威胁，原因在于最终能够以直接租赁或变卖资产的方式实现投资收益变现收回，故不将属自家所有的农机购买成本视作本文所选取的衡量农户长期投资行为的指标。

因变量（被解释变量）为农户农业生产投入行为，包括农地租入扩大面积、农业活动劳力人数以及农地生产投入量3个方面。具体而言，分别采用"2018年租用他人耕地面积（亩）"、"家中从事农业生产活动人数（人）"、"以种植为主的农业及其副产业的生产经营总成本（元）"进行测度，其中农副产业的生产经营成本包括：粮食与经济作物生产成本以及其他类型作物生产投入状况等，并将减肥、减药等绿色生产行为考虑在内，体现形式为有机肥的施用投资成本。

核心变量为农地确权证书的颁发完成率，通过"是否持有'农村土地承包经营权证书'"进行衡量。

协变量（控制变量）共包括家庭特征与村庄特征两大方面，其中家庭情况采用"农副产业的总收入（元）"、"家中是否购买耕作机械（主要为拖拉机）"和"从事农业活动成员平均受教育程度"加以测算；而村庄特征主要通过"村庄男性外出务工占比"、"村庄整体地形与土壤条件"与"村庄灌排服务设施"进行测度。

从表3可知，确权性质不同的两组农户样本特征具有明显的差异性，突出表现为：农户租入耕地面积更大、在农业生产经营方面的投入资金更多，此外家中从事农业活动人数也相对较多。在其协变量因素中，就家庭特征而言，确权组的家庭农业收入状况则更为理想、家中持有自有拖拉机的占比更高，而在农业劳动者受教育程度方面的均值亦略高于未确权组。年龄和受教育程度对于农户的农地投资行为均会产生不同程度的影响。一般来说，受教育程度会对农户的投资行为会产生一定程度的影响[26]。受教育程度较高的农户，会更具有生态理念且注重农业的可持续发展，进而会更加重视对农地质量的保护。已确权组显示出较多更为有利的村庄特征，例如村庄的整体地形条件多为平原，易于进行生产以及开展耕作作业，村集体提供灌溉和排水服务的可能性更大。地块的质量越好，在节约投入成本的同时投资回报收益越大。地块越不平整，其投入成本越大，进行农地投资的可能性及水平也越低。再者，地块的土壤类型和灌溉条件等也会在一定程度上影响农户的农地投资行为。

表 3　样本农户的描述性统计

变量名称		变量含义	总体样本				已确权组		未确权组	
			最小值	最大值	均值	标准差	均值	标准差	均值	标准差
被解释变量	农地租入扩大面积	租用他人耕地面积（亩）	−11.000	10.800	1.679	10.882	2.507	16.463	0.303	1.581
解释变量	农业活动劳力人数	家中从事农业生产活动人数（人）	0.000	4.000	1.578	0.849	1.654	0.823	1.452	0.876
	农业生产投入量	农业生产、经营管理、灌溉佣劳力等投入总成本（元）	0.000	111543.500	6562.178	8126.552	8203.586	9553.032	3830.244	3481.106
核心变量	农户确权颁证	是否领到"农村土地承包经营权证"是=1；否=0	0.000	1.000	0.624	0.484	1.000	0.000	0.000	0.000
控制变量	家庭农业收入	家庭农业毛收入（元）	−4130.000	163346.000	9950.956	20527.859	11474.215	22283.220	7145.677	16912.328
	家庭耕作机械	是否购买拖拉机 是=1；否=0	0.000	1.000	0.364	0.313	0.418	0.336	0.271	0.295
	农业劳动者受教育程度	从事农业活动成员平均受教育程度	0.000	5.000	1.542	0.967	1.591	0.975	1.476	0.953
	外出务工	村庄外出务工人员占比	0.096	0.132	0.111	0.224	0.117	0.241	0.103	0.196
	村庄农地地形	村庄整体地形条件 平原=1；坡地=0	0.000	1.000	0.547	0.487	0.613	0.495	0.448	0.479
	村庄灌排服务设施	本村是否提供统一灌溉用水服务 是=1；否=0	0.000	1.000	0.556	0.496	0.577	0.499	0.527	0.492

注：① 农业活动劳力人数是指目前完全从事务农职业和以农业为主的兼业农户（即一兼户）两者之和，不包含以非农为主的兼业农户（即二兼户）的数量。
② 农业劳动者的受教育程度分为 5 级：0＝文盲；1＝小学；2＝初中；3＝高中；4＝中专/技校；5＝大学。

三、结果分析

（一）基于 PSM 估计结果的平衡性检验

为尽可能减少两组样本概率非随机分布等系统性差异而造成的数据偏误，本文对两组地权稳定性不同（即是否确权）的样本农户在匹配前后进行协变量平衡性检验。表 4 可以看出，农地确权颁证与家庭特征（如：农业收入较高、家中具备自有耕作机械、农业劳动者受教育程度较高）和村庄特征（外出务工人员比例、村庄整体地形、村庄设有统一灌排服务设施）均密切相关。通过将匹配前后数据对比发现，在样本进行匹配前，已确权组与未确权组的两组协变量之间都存在有显著的群体差异，且均通过 0.01 水平的显著性检验。

但对样本进行匹配后发现，在农业活动劳动力人数中，劳动者受教育程度和外出务工比例的群体差异的显著性呈现下降趋势。此外，在农地生产投入方面，劳动者受教育水平、外出务工比例和村庄灌排服务设施的系统性差异亦出现下降幅度明显的现象；而在匹配之后，控制变量中的其他因子则表现为不再通过任何显著性水平的检验。由此可见，由群体间协变量系统性差异而引起的估计偏差若不消除，将导致实证的数据结果会出现明显高估确权颁证对农户土地投入行为激励作用的影响程度，故 PSM（倾向得分匹配法）可较为有效地减低地权稳定性不同的两组农户样本之间的群体差异性。

（二）模型 ATT 结果分析

考虑到由于受农户分化差异以及变量间存在的反向因果关系等的影响，组间样本数据的估计结果可能产生偏差，因此本文选择倾向得分匹配的方法，计算其平均干预效应值（ATT 值）以尽可能纠正样本选择性偏误的差异性影响而造成的关联效应。

据表 5 模型估计结果可知，农地确权颁证与农地租入扩大面积两者存在显著的正相关关系。在 ATT 匹配之前，农地确权颁证的平均处理效应值为 0.2207，并通过 1％ 水平显著性检验；但在对样本进行匹配后，其效应值下降至 0.0959～0.1324。因此，如果不能消除群体间控制变量的系统性差异，将造成农地确权颁证对农地租入扩大面积的积极影响作用被高估，但在纠正内生性选择偏差后，仍可证明农地确权颁证能促进农地生产规模的扩大。

表 4　协变量平衡性检验

最近邻匹配平衡性检验

变量	匹配前后	农地租入扩大面积			农业活动劳动力人数			农业生产投入量		
		均值		T 值	均值		T 值	均值		T 值
		已确权组	未确权组		已确权组	未确权组		已确权组	未确权组	
家庭农业收入	前	9.35	8.87	13.06***	9.52	9.33	8.31***	9.52	9.34	8.28***
	后	9.35	9.39	−0.48	9.52	9.57	−0.54	9.52	9.52	0.01
家庭耕作机械	前	0.41	0.28	9.38***	0.45	0.32	6.14***	0.45	0.32	6.09***
	后	0.41	0.41	0.09	0.45	0.46	−1.21	0.45	0.45	−0.44
农业劳动者受教育程度	前	1.59	1.48	7.23***	1.59	1.54	4.24***	1.59	1.54	3.87***
	后	1.59	1.56	1.54	1.59	1.56	1.62*	1.59	1.56	1.70*
外出务工	前	0.12	0.10	6.94***	0.12	0.11	3.87***	0.12	0.11	3.84***
	后	0.12	0.11	0.93	0.12	0.11	2.28**	0.12	0.11	1.62*
村庄农地地形	前	0.61	0.44	10.14***	0.56	0.45	7.26***	0.56	0.51	4.13***
	后	0.61	0.57	0.48	0.56	0.56	0.05	0.56	0.58	−1.12
村庄灌排服务设施	前	0.58	0.52	8.13***	0.59	0.52	8.29***	0.59	0.52	8.30***
	后	0.58	0.57	0.78	0.59	0.54	1.61	0.59	0.55	1.74*

注：*、**、*** 分别表示 10%、5%、1% 的显著性水平。

其次,农地确权颁证对农业活动劳力人数同样具有显著的正向影响。在样本匹配之前,农地确权颁证的平均干预效应值为 0.2022,在 1%统计水平上显著。但是,在匹配样本后,相应的影响效应值与显著性均变得更小,介于 0.0565~0.1214。可以看出,在排除掉不同组间类别协变量差异性影响的偏差后,仍可得出农地确权颁证可以增加家中从事农业活动的劳动力人数的结论,与理论预期保持一致。

最后,农地确权颁证对农民农业生产投入量有显著的积极促进作用。在样本匹配之前,农地确权颁证的 ATT 值为 0.7616,匹配样本后,其相应地效应值仍会有大幅度降低,值域的范围在 0.0997~0.4682。该数据仍可说明,若掺杂群体间协变量系统性差异影响后的数值,将会极大地高估确权颁证的积极影响程度;在采用 PSM 法消除样本系统性差异后,同样可以得出结论:农户在进行确权登记颁证后往往会更倾向于增加其对农业生产和经营管理方面的投入。

表 5   农地确权颁证的平均干预效应

变量	匹配方法	样本匹配前后	均值		平均干预效应值	标准误(SEM)	*T* 值(T‑stat)
			已确权组	未确权组			
农地租入扩大面积	—	前	0.2507	0.0300	0.2207	0.0731	8.31***
	最近邻匹配法	后	0.2507	0.1195	0.1312	0.0912	5.06***
	半径匹配法	后	0.1921	0.0962	0.0959	0.0996	2.99***
	核匹配法	后	0.2507	0.1183	0.1324	0.0740	5.14***
农业活动劳力人数	—	前	1.6543	1.4521	0.2022	0.0282	6.79***
	最近邻匹配法	后	1.6543	1.5447	0.1096	0.0394	3.38***
	半径匹配法	后	1.5760	1.5195	0.0565	0.0477	1.12
	核匹配法	后	1.6543	1.5329	0.1214	0.0296	4.08***
农业生产投入量	—	前	9.0123	8.2507	0.7616	0.0895	9.27***
	最近邻匹配法	后	1.0123	8.8223	0.1893	0.1244	1.65*
	半径匹配法	后	8.7189	8.6192	0.0997	0.1565	0.73
	核匹配法	后	9.0123	8.5441	0.4682	0.0938	4.10***

注:* 、** 、*** 分别表示 10%、5%、1%的显著性水平。

四、结论与讨论

（一）主要结论

（1）就法律稳定性而言，合理明晰的地权约束机制能够降低农地使用权肆意变更的发生概率，保障农户做出正确预期以进行合理地农业投资决策行为。

（2）通过消除可能由样本选择性偏误、缺失变量和组间反向因果关系等引起的内生性问题的影响后，农地确权颁证对农户农地租入扩大面积、农业活动劳力人数和农地生产投入量均呈显著正相关性，其估计结果相对稳健。相反，若不能消除由群体间协变量系统性差异所引起的估计偏差，则将会高估农地确权颁证对农户投资行为的影响程度。实证结果表明农地确权颁证对农户合理进行土地投资行为具有一定的积极促进作用。

（3）在法律层面，农户对土地使用权稳定性的预期差异将会直接影响其投资决策，进而作用于农户是否会采取包括施用有机肥、秸秆还田等改善土壤肥力的中长期投资行为。相对而言，农户更愿意长期投资与管理使用权更为稳定的土地。土地调整频繁等现实原因将会导致农业经营主体倾向于选择更容易收回生产投资成本的短期土地投入行为，而忽视对农地的保护性长期投资。理论模型的推导结果表明，权属明晰、界定准确的农地产权制度是实现农业生产要素合理有效配置、促进农业可持续发展的重要因素之一。在现实层面，实证结果肯定了确权颁证的产权激励作用。完成确权登记颁证的农户会更倾向于对农地进行长期投资，进而验证确权政策是通过法律赋权的方式巩固并强化了产权安全，保障了农户的收益预期，对农户的农业长期投资产生正向影响的作用机制。

（二）讨论与启示

土地产权的保障度被广泛认为是经济持续增长与农业可持续发展的先决条件[27-28]，大多数的已有研究也认为正式产权会增加农业投资及提高生产率。这其中的一个重要原因是它将会直接关系到权利持有人的看法进而作用于其经济决策。那么，中国农地确权颁证政策的作用机理到底是何以达到激励农民土地投入行为的目的呢？简言之，农地确权颁证主要是基于农地产权（安全）稳定这一中间传导机制，由此产生提高地权的排他能力同时保障当期与未来地权稳定预期的效果，从而刺激农民的土地投入行为、增强其投资能力[29-31]。若结果并非如此，当法律赋权无法得以有效实施时，即使持有农地确权证书也并不意味着地权稳定性更高[8]，其后果将导致不仅不能进一步有效保证地权的稳定性，反而更易引发新的不确定性冲突。因此，这就意味着在土地承包经营权确权颁证的实践中不可过分追求发证数量忽视其实际质量。

同时，在评估这些相互作用的解释因子时，有必要超越特定的产权制度形式的影响，着眼于产权在实际意义上是否也是安全的。从投资激励和经济效益的角度来看，农地产权的保障从根本上讲就是一种观念问题[32]。如果土地承包者认为他们的权利处于冲突或转移、丧失的低风险中，他们将据此做出应对此情景的经济决策，反之亦然。投资与对资源配置的决策都将受制于这种感知风险的存在。另外，影响农地确权政策实际效用发挥的因子并非只有家庭与村庄两方面，因此，确权政策只能被视为农民土地投入行为的必要条件，绝不是一个充分条件[33]。要素市场发育的完整性、社会法制环境等都将影响政策实施的有效性。事实上，农民相对而言更愿意关心与自己的切身利益高度相关且能近期获利的制度或福利政策，如各种农业相关补贴的发放等，而对自己并不熟知、认为对自己福利没有提升抑或那些不会立即产生的存在有潜在绩效的政策可能会持有无所谓的心理[34]。因此，如若要制度的实施产生预期的绩效，应切忌执行工作表面化，注重提升农民的政策认知程度和对新事物的接受程度，否则可能致使政策绩效大打折扣。

尽管确权政策在一定程度上能够稳定农户的投资预期，并以产权激励的形式促使其维持更长期的农业投入，但并非所有农户都有进行农业长期投资的能力。在现行农地产权制度下，确权后的农地可能会受限于法律约束以致不能作为有效抵押品，囿于存在的信贷缺陷等问题使得农户难以切实响应投资激励。为进一步推进农地确权颁证、促进农户对农地进行合理长期投资，推动农业可持续发展，提出以下建议：一是完善农地产权制度的相关法律法规，强化政策的督导评估、提高政策执行效率，保障农地产权的法律稳定。二是切实提高农村土地承包经营权确权颁证的工作质量，实现农地产权安全、稳定、全覆盖及多保障，巩固落实"农村土地承包关系稳定并长久不变"。三是以土地制度改革为突破口进一步深化农村改革，努力形成"三权分置"、"二轮延包"、农村金融、社会保障等改革合力，提升确权颁证的政策绩效。四是加强土地政策及相关法律法规知识的宣传教育，提高农民对土地产权的保护意识与政策认知水平，引导正确的产权认知及行为响应。

参考文献:

[1] 陈锡文.长期坚持党的农村基本政策 稳定完善农村土地承包制度[J].农村合作经济经营管理,2002(12):6-9.

[2] 张建雷.人口分化:理解转型期农民分化的一个视角[J].中国农业大学学报(社会科学版),2018,35(4):18-28.

[3] 沈费伟,肖泽干.新一轮农地确权中政府、村委会与农户间的利益博弈分析——基于江苏省4市的调查[J].山西农业大学学报(社会科学版),2018,17(11):44-51.

[4] 孙小龙,郜亮亮,钱龙,等.产权稳定性对农户农田基本建设投资行为的影响[J].中国土地科学,2019,33(4):59-66.

[5] 仇焕广,刘乐,李登旺,等.经营规模、地权稳定性与土地生产率——基于全国4省地块层面调查数据的实证分析[J].中国农村经济,2017(6):30-43.

[6] Chigbu U E,Schopf A,De vries W T,et al. Combining land-use planning and tenure security: a tenure responsive land-use planning approach for developing countries [J]. Journal of Environmental Planning and Management,2017, 60(9):1622-1639.

[7] Moreda T. Contesting conventional wisdom on the links between land tenure security and land degradation:evidence from Ethiopia[J]. Land Use Policy,2018,77:75-83.

[8] 焦娜.地权安全性会改变农户投资行为吗——基于 CHARLS2011 和 2013 年数据的实证研究[J].农业技术经济,2018(9):42-53.

[9] 冯华超.保障功能替代与农民对地权稳定性偏好——基于中国综合社会调查数据的分析[J].新疆农垦经济,2017(11):56-65.

[10] 钟文晶.国家赋权、土地调整与农户地权公平感知[J].学术研究,2019(7):81-89.

[11] 仇童伟,李宁,邹宝玲,等.产权实施如何影响农户的土地知觉控制——一个认知平衡理论的分析视角[J].上海财经大学学报,2016,18(3):94-107.

[12] 丰雷,张明辉,李怡忻.农地确权中的证书作用:机制、条件及实证检验[J].中国土地科学,2019,33(5):39-49.

[13] 米运生,郑秀娟,曾泽莹,等.农地确权、信任转换与农村金融的新古典发展[J].经济理论与经济管理,2015(7):63-73.

[14] 黄季焜,冀县卿.农地使用权确权与农户对农地的长期投资[J].管理世界,
　　 2012(9):76－81,99.

[15] 林文声,秦明,王志刚.农地确权颁证与农户农业投资行为[J].农业技术经
　　 济,2017(12):4－14.

[16] Ma X,Heerink N,Feng S,et al. Land tenure security and technical effi-
　　 ciency: new insights from a case study in northwest China [J].
　　 Environment and Development Economics,2017,22(3):305－327.

[17] Linkow B. Causes and consequences of perceived land tenure insecurity:
　　 survey evidence from Burkina Faso[J]. Land Economics,2016,92(2):
　　 308－327.

[18] Yan X, Huo X. Drivers of household entry and intensity in land rental
　　 market in rural China evidence from north Henan Province[J]. China Ag-
　　 ricultural Economic Review,2016,8(2):345－364.

[19] 钱龙,朱红根.农户感知与响应视角下的确权颁证政策绩效研究——基于
　　 江西省的问卷调查[J].农村经济,2019(4):21－30.

[20] 陈小知,米薪宇,胡新艳.农地确权能否促进农户投资?——基于"产权强
　　 度—情境依赖—外部约束"框架的评论性研究[J].南方农村,2019,35(4):
　　 4－9.

[21] 陈铁,孟令杰.土地调整、地权稳定性与农户长期投资——基于江苏省调查
　　 数据的实证分析[J].农业经济问题,2007(10):4－11,110.

[22] 许庆,章元.土地调整、地权稳定性与农民长期投资激励[J].经济研究,2005
　　 (10):59－69.

[23] 黄小虎.土地制度研究的新探索——《中国地权制度的反思与变革》一书的
　　 启示[J].开放导报,2019(3):96－98.

[24] 陈中伟.中国农民职业分化与农地适度规模经营——理论综述、发展历程、
　　 困境与耦合发展机制[J].兰州学刊,2018(7):199－208.

[25] 李兆亮,罗小锋,丘雯文.经营规模、地权稳定与农户有机肥施用行为——
　　 基于调节效应和中介效应模型的研究[J].长江流域资源与环境,2019,
　　 28(8):1918－1928.

[26] 许经勇.我国农户投资的制约因素与破解路径[J].农业经济与管理,2016
　　 (6):51－56.

［27］陈明,武小龙,刘祖云.权属意识、地方性知识与土地确权实践——贵州省
丘陵山区农村土地承包经营权确权的实证研究[J].农业经济问题,2014,
35(2):65-74.

［28］于潇.农地确权、制度绩效与农户政策认知——基于典型历史时期的比较
研究[J].财政科学,2017(7):19-26.

［29］林文声,王志刚.中国农地确权何以提高农户生产投资?[J].中国软科学,
2018(5):91-100.

［30］洪炜杰,罗必良.地权稳定能激励农户对农地的长期投资吗[J].学术研究,
2018(9):78-86,177.

［31］应瑞瑶,何在中,周南,等.农地确权、产权状态与农业长期投资——基于新
一轮确权改革的再检验[J].中国农村观察,2018(3):110-127.

［32］Widman M. Land tenure insecurity and formalizing land rights in Mada-
gascar:a gender perspective on the certification program[J]. Feminist
Economics,2014,20(1):130-154.

［33］倪坤晓,谭淑豪.农地确权促进农地投资:文献评述及对中国的启示[J].中
国物价,2017(1):85-87.

［34］刘玥汐,许恒周.农地确权对农村土地流转的影响研究——基于农民分化
的视角[J].干旱区资源与环境,2016,30(5):25-29.

Land Tenure Stability and Farmer Land Investment: An Empirical Study of Shandong Province from the Perspective of Law and Reality

Wenqi Rong[1,2], Xiao Lv[2,3]

(1. School of Public Administration, Nanjing Agricultural University,
Nanjing 210095, China;

2. School of Geography and Tourism, Qufu Normal University,
Rizhao 276826, China;

3. School of Humanities and Law, Northeastern University,
Shenyang 110169, China)

Abstract: In order to comprehensively investigate the response mechanism of stability of land use rights acting on farmland investment behavior in legal level and realistic background, this paper combines the classical decision theory, the average treatment effect (ATT model) and the actual situation of farmers' land investment to construct a theoretical analysis framework. On the one hand, from the perspective of law stability, this paper compares the land investment decision-making tendency of farmers under different degree of land use rights constraints. On the other hand, it overcomes the problem of data endogeneity based on the "counter-scenario" tendency score matching method (PSM). On this basis, 389 sample data from some sampling areas in Shandong Province in 2018 were used to make an empirical analysis of the impact mechanism of certification of farmland rights and farmers' agricultural investment behavior. The results show that: (1) The state has promulgated a series of relevant documents and regulations, further guaranteeing the legal stability of agricultural land property rights, and local governments have also carried out specific implementation. (2) The stability of the farmland system at the legal level is related to the probability of land ownership change P, which will directly affect the behavior decision of farmers' land investment. (3) There is a significant correlation between the confirmation and certification of rights and the operation area of farmland rented by farmers, the number of labor force in household agricultural activities and the input amount of agricultural production, indicating that the confirmation and issuance of farmland property rights certificate can positively promote the rational investment behavior of farmers, and the estimated results are relatively stable. (4) In order to ensure the completion of the task of confirming rights on schedule and the realization of policy expectations, we should give full play to the principal position of farmers, enhance the level of policy awareness of farmers at all levels, gradually improve the rural social security system, and firmly promote the stable implementation of the work of confirming rights.

Key Words: stability of land use rights; confirmation of rights and certification; land input; rural households; Shandong Province

基于三位一体保护的江苏省耕地
保护生态补偿研究

范佳旭，诸培新，张玉娇，袁思怡

（南京农业大学公共管理学院，江苏　南京 210095）

摘　要　耕地资源是生态系统的重要组成部分，耕地保护是我国生态文明建设的重要内容。与国内其他地方相似，江苏省四十年来的快速工业化和城镇化导致耕地数量持续下降，耕地质量和生态问题不容乐观，耕地保护并未达到理想的效果。新时期耕地保护的关键在于坚持耕地数量、质量和生态三位一体保护理念，补齐耕地生态保护的短板，完善耕地三位一体保护路径。为此，本文基于公共产品理论、外部性理论以及生态系统价值理论，从三位一体保护的视角分析江苏省耕地生态保护中存在的问题，构建江苏省耕地三位一体保护中的生态补偿机制，为完善江苏省耕地保护政策体系提供理论支持。

关键词　耕地保护；三位一体；生态补偿；江苏省

一、引言

耕地资源是保障我国粮食安全的基础，是我国可持续发展战略的重要组成部分，也是关乎民生大计的关键问题。改革开放以来，我国经济快速增长、城镇化水平快速提高，取得了巨大的发展成就。但我国城镇化的发展很大程度上是靠牺牲耕地资源取得的。我国耕地的不合理利用及土壤污染导致我国耕地状况处于一种"不健康"的状态[1]，耕地资源数量和质量迅速下降，耕地生态环境不断

收稿日期：2020 - 4 - 20

基金项目：江苏自然资源智库开放合作项目（2019TDZY10）；2020—2021 年度南京农业大学"卓越教学"项目（JF2006045）。

通讯作者：诸培新（1968—　），男，江苏南京人，教授、博士生导师。主要研究方向：土地资源管理。E-mail：zpx@njau.edu.cn。

恶化引起人们对我国粮食安全的关注。为此，国家制定了一系列的法律法规对耕地保护提出要求，形成了以土地管理法、农业法为基础，以土地用途管制、基本农田保护、耕地占补平衡等为手段的耕地保护制度体系。同时，为进一步丰富耕地保护内涵，提升耕地保护水平，满足"加强生态文明建设、推动高质量发展"的迫切需求，2012年，原国土资源部印发《关于提升耕地保护水平全面加强耕地质量建设与管理的通知》中，提出关于耕地数量管控、质量管理和生态管护的有关要求。2017年《中共中央国务院关于加强耕地保护和改进占补平衡的意见》中同样强调："坚持最严格的耕地保护制度和最严格的三位一体节约用地制度，像保护大熊猫一样保护耕地，着力加强耕地数量、质量、生态三位一体保护"，进一步从政策层面对耕地"三位一体"保护提出要求。但仅仅依靠行政手段进行耕地保护，实践结果往往不尽如人意。新时期耕地"三位一体"保护的核心是在不以牺牲农业和粮食、生态和环境为代价的前提下，注重保护农民利益[2]，根据"谁保护，谁受益"的原则，进行一定的经济激励。因此需评判耕地资源综合价值，形成耕地保护新认知，构建以耕地生态价值为取向的耕地"三位一体"保护制度体系。

近年来，我国学者针对耕地保护的研究取得了很大进展，他们在对耕地保护理论研究进行不断拓展与深入的基础上[3-4]，对耕地保护的内涵理解与理念的创新提出进一步的思考[5-6]，并从耕地保护制度及政策的运行角度出发，提出了诸多耕地保护的有效举措[7-8]，对耕地保护绩效进行研究与评价[9-10]。但是这些研究多从耕地数量与耕地质量保护角度展开，围绕耕地的生态功能保护和生态价值补偿的研究相对较少。为此，本文从耕地"三位一体"保护理念出发，以江苏省耕地保护实践为例，重点对耕地生态保护展开分析，探讨如何通过耕地生态价值补偿实现耕地"三位一体"保护。

二、耕地"三位一体"保护理论基础

耕地保护在我国经历了由单一数量保护到数量、质量保护并重再到数量、质量和生态保护"三位一体"的逻辑转变，体现我国耕地保护制度正在不断完善。目前我国已形成相对完整的耕地保护制度体系，以土地管理法为基础，土地用途管制制度、基本农田保护制度、耕地占补平衡制度、土地开发整理复垦制度相结合的耕地保护体系，被认为是最严格的耕地保护制度，但耕地数量快速下滑、耕地质量不断减退等耕地问题依旧层出不穷。从耕地保护制度层面分析，将耕地保护,尤其是严守耕地18亿亩红线的硬性指标作为土地管理的唯一目标过于狭隘,不符合可持续发展的新理念[8]。1986年修订的《中华人民共和国土地管理法》主要是强调对耕地数量的保护,在实践中就出现了只注重耕地数量,忽视耕地质量的问题,并导致耕地质量等级有所下滑。其后的耕地占补平衡制度、基本农田保护制度也强调保护耕地数量、质量,但实践中主要做到的也只是耕地数量平衡,耕地质量常常因为"占优补劣"而很难实现平衡。而且这个"占优补劣"还带来了生态环境的负面影响。实践中耕地占补平衡过程通过补充更多低质量耕地弥补来耕地数量的减少,过度开发耕地后备资源或生态用地对生态环境的破坏引发了一系列生态环境问题[11]。基于此,中央提出耕地"三位一体"保护理念,着力加强耕地数量、质量、生态"三位一体"保护,将耕地生态保护放到同等的战略地位,形成更加高效的耕地保护新格局。耕地"三位一体"保护的提出,对耕地数量、质量和生态保护提出了新要求,补齐了耕地保护中重数量质量轻生态保护的短板。新时期耕地保护既要实现耕地的经济效益,同时也要实现耕地资源生态价值,最大化地发挥耕地生态效益。

因此,耕地作为稀缺的资源和不可替代的生产要素,在对其进行保护的同时需要综合考虑其自然属性、社会属性及经济属性。而从现有的耕地保护实践来看,在继续强化耕地数量和质量保护的同时,更需要补上耕地生态保护的短板,以实现耕地的"三位一体"保护。基于此,本文下面通过公共物品理论、外部性理论及生态系统服务价值理论的分析来揭示其对耕地生态保护的理论指导作用。

(一)公共物品理论

按照萨缪尔森对公共物品的定义,公共物品是指这样一种物品,每个人消费不会导致他人对该物品消费的减少。公共物品的两个特点是:一是非竞争性,二是非排他性[12]。公共物品属性决定其面临供给不足、拥挤和过度使用等问题时,使用者不会主动、自愿保护人人都能受益的纯公共物品。而耕地保护所产生的生态效益,具有明显的非排他性和非竞争性,属于典型的公共物品。耕地保护者的保护行为会增加耕地资源的生态效益,使部分没有参与保护行为的人同样享受到耕地保护带来的生态环境的改善,并在整个保护过程中产生"搭便车"的问题。然而享受者承担耕地保护的成本是较为困难的,需要通过构建相应的生态补偿机制,对耕地保护者进行经济补偿,解决耕地保护中因公共物品性产生的供给不足的问题[13]。

（二）外部性理论

外部性是公共物品在其供给或消费过程中产生的[14]。耕地资源由于其生态效益存在于公共领域而具有较强的外部性特征，使耕地保护产生的生态并未纳入耕地保护带来的收益中[15]。保护耕地资源，农民能够获得一定的经济利益，但农业的经济比较效益低下，耕地保护社会和生态的外部性溢出远高于经济利益，而消费者一般不愿主动分担耕地保护成本，抑制了农民耕地保护的积极性。基于外部性理论，需要通过经济补偿等方式，将耕地保护的外部性予以内部化，为耕地保护者提供激励[16-18]。

（三）生态系统服务价值理论

耕地资源是生态服务的主要载体，是重要的生产要素，耕地价值既包括提供食物等可量化的市场价值，还包括耕地资源提供的生态功能等。生态系统服务价值理论强调耕地生态系统通过改善环境质量、涵养水源、维持生物多样性等为人类提供生态效益[19-20]。耕地生态系统通过生态系统间能量流动和物质循环提供生态系统服务，耕地保护对保障耕地生态系统的稳定具有重要的作用，而耕地资源的非市场价值无法通过市场交易实现，因此应通过耕地生态补偿将耕地生态系统服务价值进行量化，从而实现耕地资源的生态价值[21]。

三、江苏省耕地"三位一体"保护实践存在的问题

（一）耕地数量逐年下降，耕地质量分布不均衡

近年来，江苏省通过严控建设占用耕地、强化基本农田保护与建设等措施，虽然完成了国家下达的耕地保有量和基本农田保护任务，但人多地少的基本省情仍旧没变，耕地后备资源严重匮乏，占补平衡任务艰巨，耕地保护形势十分严峻。截至 2017 年，江苏省耕地面积为 458.24×10^4 hm²，占全国耕地面积的3.97%，人均占有耕地仅为 0.86 亩[①]。2008—2017 年江苏省耕地数量呈现下降的趋势，十年间共减少了 18.13×10^4 hm²，平均每年以 1.813×10^4 hm² 的速度减少（图 1）。耕地减少的主要原因是建设用地的占用，其次是农业结构调整，同时耕地的不合理利用也是耕地数量减少的原因。其中，2012 年江苏省耕地质量减少面积较多，相较于 2011 年减少了 12.24×10^4 hm²。而 2013—2017 年，江苏省

---

① 数据来源：2009—2018 年《江苏省统计年鉴》。

耕地数量逐渐趋于稳定。从图2中2008—2017年江苏省人均耕地面积变化情况来看,2017年江苏省人均耕地面积为0.057公顷(0.85亩),远低于全国1.51亩的人均水平,且呈现逐年下降的趋势。

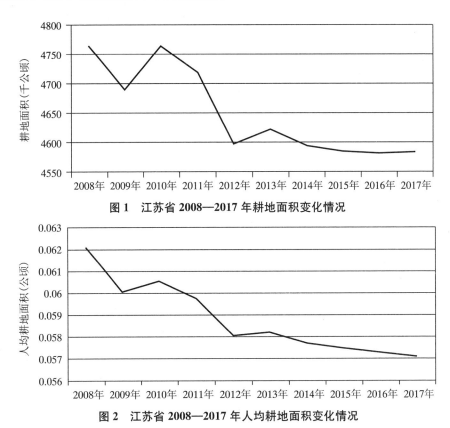

图1　江苏省2008—2017年耕地面积变化情况

图2　江苏省2008—2017年人均耕地面积变化情况

2016年江苏省耕地质量等别调查与年度更新成果显示,江苏省全省耕地自然质量等主要为五等、六等、七等三个等别,其中六等地面积超过全省的三分之二,七等地次之,质量最好的五等地面积最少,仅占全省耕地总面积的3.63%。尽管江苏省耕地质量总体属于中高质量,但在分布上呈现出东南向西北递减的规律,分布极不均衡[22]。而不健康的农业生产方式,如化肥农药的过度使用,农业基础设施不健全等,对耕地质量同样造成了一定程度的影响。耕地质量分布不均衡以及"不健康"的农业生产方式给江苏省耕地质量保护工作带来了极大的不便。

(二)耕地资源生态价值被忽视

根据《江苏省永久基本农田划定工作指导意见》(2016)要求,江苏省对耕地保护工作的重点应该从数量质量并重转向耕地数量、质量、生态保护的"三位一体"。但从实际效果看并理想。其原因有主要两个方面:一是耕地利用的比较利益低下,耕地经营者的保护意愿降低,容易产生非农化的趋势;二是耕地生态保护产生的效益基本没有得到社会认可,进一步削弱了耕地保护主体的积极性,故耕地流转为他用的现象层出不穷。

耕地资源综合价值包括耕地农用的经济价值和生态价值。耕地资源的经济价值通过市场机制得到了实现,而耕地资源的生态价值因生态服务系统的复杂性难以进行量化,即使有量化结果也更多地属于学术性研究,社会公众对此的认知和认可度也不高。实践中生态补偿标准的确定更多的是一种经验值,地区间差异较大。如南京市普惠性的发放给农户 300 元/亩,村集体 100 元/亩的耕地生态补偿;苏州则给每亩耕地 400 元补偿,连片规模化水田再加 200～400 元的补偿,都直接补偿到村集体,针对农民人均纯收入低于当地平均水平的给予适当补偿;苏北、苏中地区一般以耕地保护激励金的名义奖励到耕地保护优秀的镇、村,奖补资金主要用于土地整理与田间设施维护,而农户较少或没有得到直接补偿,此激励金也没有明确为耕地保护的生态补偿奖励。

(三)耕地保护生态补偿机制不健全,补偿标准制定不合理

耕地保护生态补偿机制是建立耕地"三位一体"保护长效机制的核心。然而,当前江苏省耕地保护生态补偿机制还处于部分地区试点状态,且存在较多的问题:一是试点地区耕地保护生态补偿经费基本以政府财政投入为主,主要包括政府专项资金、上级政府财政转移支付,及与土地开发利用相关收益(土地出让金、新增费、指标交易费等)。在补偿的经费分摊上以市、区(县)分担补偿金为主,而地方政府的财政支付能力相对有限且不平衡。同时政府财政转移支付生态补偿资金的方式,在资金发放上存在滞后性,无法及时弥补农户由于耕地保护而丧失的机会成本。二是耕地保护生态补偿标准制定缺乏科学依据。政府制定的补偿标准过于"一刀切",无法凸显耕地资源的差异性,质量高和质量低的耕地补偿标准没有差别。三是耕地保护生态补偿工作市场参与度不够。无论是从资金来源、补偿主体、补偿方式等方面,市场远没有发挥其资源配置的作用,生态补偿工作更多是靠政府的约束。四是补偿资金的使用范围狭窄。政策的一般规定是财政补偿资源主要用于维护生态环境、发展生态经济、补偿集体经济组织成员。但实践中多以经费财政划拨、支付资源数量、质量保护的直接成本为主(如耕地保护激励资金主要用于基本农田建设与保护、土地整理、耕地开发、耕地质量保护与提升等方面），对区域生态保护产业的提升、生态产品的开发和价值实践、发展机会成本的弥补、农户的技能培训等用途的补偿不足。

四、基于耕地"三位一体"保护的生态补偿机制构建

当前江苏省关于耕地数量保护与质量保护的实践工作开展得较为成熟，而耕地生态保护工作尚处于起步阶段，未来耕地"三位一体"保护应重点加强耕地生态保护，在进一步完善和严格执行现有耕地保护制度的同时，还需配套完善耕地生态保护政策，全面实施耕地保护生态补偿措施，以显化耕地生态服务价值。

江苏省苏州市是国内最早开展生态补偿工作的地区之一。自 2010 年实施生态保护补偿政策以来，有效遏制了耕地面积持续下降的趋势，对于耕地保护起到促进的作用。但是从全省看，已经正式实施耕地生态补偿政策的地区还较少，已经实施的耕地保护生态补偿政策依然存在诸多不足，制约了耕地生态保护工作长效持久开展，尚需要在以下方面进行完善和发展。

（一）构建跨区域耕地保护生态补偿机制

生态补偿是以保护和可持续利用生态系统服务为目的，以经济手段为主调节生态保护者与受益者之间的利益关系。江苏省是经济较发达的省份，但省内各地区间的社会经济条件与资源禀赋存在着巨大的差异。推动实施跨区域横向耕地生态补偿有利于促进省内区域之间的协调发展。通过跨区域横向生态补偿，利用经济手段调节耕地生态保护者与受益者之间的利益关系，解决耕地资源保护的外溢性问题。在地区政府协商一致的前提下，量化各区域和特定的市场主体所享受的生态环境效益和耕地产生的直接经济效益，按照收益比例承担耕地生态保护的成本，达到生态共建、资源共享、优势互补、经济双赢的局面。构建跨区域耕地生态补偿机制，一是确定受益者与补偿者，即解决"谁来补，补给谁"的问题。跨区域耕地生态补偿，涉及的利益相关者包括相关地区的各级政府、村集体组织及农户个体，需要在区域内和区域间协商一致的前提下，统一规划配置和保护耕地资源。二是设计补偿方式，解决"如何补"的问题。在尊重各方利益相关者意愿的情况下，可以选择资金转移支付、"智力补偿"、实物补偿等方式。三是制定补偿标准，即"补多少"的问题。根据定量评价各地区耕地资源生态价

值以及经济价值，将耕地资源质量和生态保护纳入生态补偿标准评价因子体系中，实现生态共建、经济共赢的目标。

（二）探索多元化耕地保护生态补偿模式

江苏省已有的耕地保护措施过于依赖行政约束机制。新时期耕地保护必须打破固有的模式，充分发挥市场在资源配置中的决定性作用，设计相应的耕地利益保护经济激励机制，通过经济激励等手段调动各方利益主体耕地保护的积极性，建立健全的耕地"三位一体"保护生态补偿机制。一是探索多元化生态补偿模式。改变政府单一责任补偿形式，推进耕地保护生态补偿市场化发展。开展多元化生态补偿活动，一方面政府相关部门加大对生态补偿项目的宣传，使公众充分认识到资源环境保护对公众的正向效应，认同"受益者付费"的原则，培养公众为良好的生态服务付费的意识，调动公众参与生态补偿工作的积极性。设立生态补偿基金和生态保护志愿者基地，接受社会团体、个体为生态补偿捐款或提供志愿者活动，赋予捐赠者相应的生态保护荣誉称号。另一方面，政府各相关部门可结合资源环境的基础，重点打造耕地生态补偿精品项目（农家乐采摘园）、生态服务标签产品（绿色有机农产品）等，通过耕地资源的生态价值的市场化实现机制，积极引导公众参与购买生态服务产品，在享受耕地生态服务价值的同时为优质生态服务付费。

（三）制定科学合理的耕地保护生态补偿标准

耕地保护生态补偿标准应当涵盖耕地保护的直接成本、因耕地保护而发展机会受损的间接成本，并能体现耕地资源的生态服务价值量大小。在此基础上充分考虑区域的经济社会发展水平、政府财政支付能力、耕地保护主体和生态服务受益主体等各方利益诉求，制定分层次的补偿标准，并不断进行动态调整，保证生态补偿每一笔资金都能充分发挥耕地保护作用。

（四）创新耕地保护生态补偿交易机制

建立多种资金筹措并行的补偿资金筹措渠道，鼓励市场主体参与生态补偿，将政府"做不了"和"做不好"的领域交给市场，形成市场和政府的相互合作、相互配合。一是通过建立优化生态产权的市场制度，为建立以市场交换为基础的生态补偿制度提供基础保障，如尽快落实耕地"三权分置"改革进程，让经营权自主进入市场交易，允许市场主体在法律保障前提下以市场方式获取耕地生态经营的收益。二是完善市场交易制度，为市场主体参与生态补偿搭建平台，鼓励和引导生态保护者和生态受益者之间基于市场交易制度进行自愿协商补偿与合作。

　　（五）加强对农户耕地保护的激励

　　从耕地保护主体视角看,农户会根据自身经济利益考虑,在保护与不保护行为之间做出权衡,当农户认为耕地保护获得的收益更大,他们则会选择对耕地进行保护。但是由于耕地的直接经济利益低下,抑制了农民保护耕地的积极性。而耕地保护生态补偿通过对耕地资源的管护性补偿或激励性补偿调动其保护耕地的积极性。前者是对耕地资源进行治理、保护,保证耕地生态系统不退化;后者即对耕地保护行为进行激励,达到外部收益内部化。加强对农户耕地保护的激励,一是政府适当的提高耕地保护生态补偿标准,对耕地进行科学合理的利用,并通过土地综合整治等提质改造工程对耕地质量及生态进行改善的集体或个人给予一定的经济奖励,或根据农户自身的意愿,选择实物奖励或者相应政策优惠等激励方式。二是政府积极引导农户进行健康、绿色的农业生产方式,推进化肥农药的减量增效工作的开展,对实施效果好的集体或个人进行经济激励。三是拓宽耕地生态补偿资金的适用范围,实行"多保多得"的激励机制,在农户中形成一定的竞争作用,激发农户耕地保护的主观能动性。

参考文献:

[1] 郧文聚,吴克宁,张小丹.中国耕地健康问题及防治对策[J].中国发展,2019, 19(04):34-37.

[2] 刘彦随,乔陆印.中国新型城镇化背景下耕地保护制度与政策创新[J].经济地理,2014,34(04):1-6.

[3] 高魏,胡永进.耕地保护理论研究[J].农村经济,2004(06):14-16.

[4] 郑丽.我国耕地保护的公共经济理论分析[J].理论导刊,2006(10):69-72.

[5] 丁洪建,吴次芳,梁留科.耕地保护理念的创新研究[J].中国土地科学,2002 (04):14-19.

[6] 祖健,郝晋珉,陈丽,等.耕地数量、质量、生态三位一体保护内涵及路径探析[J].中国农业大学学报,2018,23(07):84-95.

[7] 翟文侠,黄贤金.我国耕地保护政策运行效果分析[J].中国土地科学,2003 (02):8-13.

[8] 黄忠.迈向均衡:我国耕地保护制度完善研究[J].学术界,2020(02):

122 - 135.

[9] 张全景,欧名豪,王万茂.中国土地用途管制制度的耕地保护绩效及其区域差异研究[J].中国土地科学,2008(09):8 - 13.

[10] 吴泽斌,刘卫东,罗文斌,等.我国耕地保护的绩效评价及其省际差异分析[J].自然资源学报,2009,24(10):1785 - 1793.

[11] 郭珍.中国耕地保护制度的演进及其实施绩效评价[J].南通大学学报(社会科学版),2018,34(02):67 - 73.

[12] 马爱慧.耕地生态补偿及空间效益转移研究[D].华中农业大学,2011.

[13] 刘娟.生态补偿视角下我国耕地资源保护政策取向分析[C]//中国环境科学学会.2014中国环境科学学会学术年会(第三章).2014:290 - 294.

[14] 牛海鹏.耕地保护的外部性及其经济补偿研究[D].华中农业大学,2010.

[15] 燕守广,沈渭寿,邹长新,等.重要生态功能区生态补偿研究[J].中国人口•资源与环境,2010,20(S1):1 - 4.

[16] 刘尊梅,韩学平.基于生态补偿的耕地保护经济补偿机制构建[J].商业研究,2010(10):141 - 144.

[17] 马爱慧,张安录.选择实验法视角的耕地生态补偿意愿实证研究——基于湖北武汉市问卷调查[J].资源科学,2013,35(10):2061 - 2066.

[18] Wunder S. Payments for environmental services: some nuts and bolts [M]. Jakarta Indonesia: Center for International Forestry Research (CIFOR), 2005.

[19] Costanza R , Arge, Groot R D , et al. The value of the world's ecosystem services and natural capital[J]. Nature, 1997, 387(15):253 - 260.

[20] Wallace K J . Classification of ecosystem services: Problems and solutions [J]. Biological Conservation, 2007, 139(3 - 4):235 - 246.

[21] 戴君虎,王焕炯,王红丽,等.生态系统服务价值评估理论框架与生态补偿实践[J].地理科学进展,2012,31(07):963 - 969.

[22] 黄锐.江苏省耕地质量空间分异特征与耕地保护分区对策研究[D].南京师范大学,2018.

Research on Ecological Compensation of Cultivated Land Protection in Jiangsu Province Based on Trinity Protection

Jiaxu Fan, Peixin Zhu, Yujiao Zhang, Siyi Yuan

(Collage of Public Administration, Nanjing Agricultural University,
Nanjing 210095, China)

Abstract: Cultivated land resources are an important part of the ecosystem, making cultivated land protection an important part of the construction of ecological civilization in China. Similar to other places in China, the rapid industrialization and urbanization in Jiangsu Province over the past 40 years have led to the continuous decline in the number of cultivated land. The quality and ecological problems of cultivated land are not optimistic, and the protection of cultivated land has not achieved the desired effect. The key of cultivated land protection in the new period lies in adhering to the concept of trinity protection of cultivated land's quantity, quality and ecology, tackling the weaknesses in ecological protection of cultivated land, and exploring the routes to the trinity protection of cultivated land. Therefore, based on the theory of public products, externalities and ecosystem value theory, this paper analyzes the problems in the ecological protection of cultivated land in Jiangsu Province from the perspective of trinity protection, and establishes an ecological compensation mechanism in the trinity protection of cultivated land in Jiangsu Province, thereby providing theoretical support to improve the farmland protection policy system in Jiangsu Province.

Key Words：cultivated land protection；trinity；ecological compensation；Jiangsu Province

耕地资源消耗与经济增长 EKC 关系的门槛效应研究

——基于面板门槛模型的考察

高　攀[1,3]，梁流涛[1,2]，刘琳轲[1,2]，王庭辉[1,2]

(1. 河南大学环境与规划学院，河南　开封 475004；

2. 河南大学黄河中下游数字地理技术教育部重点实验室，河南　开封 475004；

3. 南京农业大学公共管理学院，江苏　南京 210095)

摘　要　利用门槛面板模型探讨耕地资源消耗与经济增长 EKC 关系的门槛效应，并从时间和空间的维度分析其差异性。研究结果表明：耕地资源消耗与经济增长之间存在明显的门槛效应。在不同的经济发展阶段，耕地资源消耗与经济增长之间具有不同的规律。当人均 GDP 处于较低水平时(人均 GDP≤5767.53 元)，耕地资源消耗与经济增长之间呈现"U 形"曲线关系，耕地资源消耗随经济发展先下降后增加；当人均 GDP 处于中等水平时(5767.53 元<人均 GDP≤65512.74 元)，耕地资源消耗与经济增长之间呈现"倒 U 形"关系，但大多数省份未跨过最高拐点值，耕地消耗随经济发展同步增长；当人均 GDP 处于高水平时(人均 GDP>65512.74 元)，耕地资源消耗与经济增长之间呈"倒 U 形"关系，耕地资源消耗随经济发展水平的提高先上升再下降，处于该阶段的省份均跨过最高拐点值，耕地消耗随经济发展逐步下降。同时，人口规模、财政分权、固定投资、政府收益、土地比较收益等指标对于耕地资源消耗具有促进作用；而城市化水平和产业结构优化对耕地资源消耗具有抑制作用。

关键词　耕地资源消耗；经济增长；门槛效应；环境库兹涅茨曲线

收稿日期：2020 - 3 - 2

基金项目：国家自然科学基金项目(41771565)；河南省高校科技创新人才(人文社科类)支持计划
　　　　　(2019 - cx - 014)；江苏省自然资源智库 2019 年开放合作项目(编号 2019TDZY10)

作者简介：高攀(1994—　　)，男，河南滑县人，博士研究生，主要研究方向为土地经济与政策。E-mail：
　　　　　924593117@qq.com。

通讯作者：梁流涛(1981—　　)，河南杞县人，博士，副教授，主要研究方向为资源经济与环境管理。
　　　　　E-mail：ltliang@henu.edu.cn。

一、引言

改革开放四十年来，我国经济发展取得了巨大成就，但此过程中也产生了严峻的资源短缺和过度消耗问题[1]。尤其是近些年来随着经济水平、城市化水平、工业化水平的快速提高，耕地资源消耗的数量越来越多[2]。2000 年我国非农建设用地占用耕地面积为 16.365 万公顷，到了 2017 年达到了 31.84 万公顷，与 2000 年相比增加了将近 1 倍。可见，我国在保持经济快速增长的同时，消耗了大量的耕地资源。耕地资源过度消耗给粮食安全、生态安全和社会稳定带来了巨大挑战[3]。在这样的背景下，如何协调经济增长与耕地资源消耗之间关系成为公众关注的焦点。

Grossman 和 Krueger 根据北美数据经验结果提出了"环境库兹涅茨曲线"（EKC）假说[4]，其核心思想是在经济发展过程中环境污染呈先增长后下降的"倒 U 形"变化趋势。该假说随后被扩展到自然资源领域，并得到广泛认同和应用[5,6]，为优化自然资源管理提供了依据。耕地资源作为重要的自然资源，耕地资源消耗与经济增长是否也存在 EKC 假说？Alexander N. James 最早利用多个国家的面板数据证明了农用地减少 EKC 假说的存在[7]。Pushpam Kumar 等对印度省际面板数据进行分析，得出了类似的结论[8]。国内学者也开始关注这个问题，曲福田和吴丽梅最早在国内提出经济发展与耕地资源消耗之间存在 EKC 关系[9]；蔡银莺和张安录选择国内 5 个重点城市 1979—2002 年的数据资料进行建模分析，发现耕地资源消耗和人均 GDP 存在库兹涅茨曲线特征[10]；孙爱军和张飞应用中国 1982—2007 年数据进行计量分析，结果表明耕地资源消耗的 EKC 曲线是存在的[11]；李永乐利用 1999—2003 年中国省际面板数据再次验证了耕地库兹涅茨曲线的存在[12]；许恒周等利用省际面板数据的研究也支持了耕地消耗的 EKC 假说[13]。随着研究的深入，有学者对耕地资源消耗的 EKC 曲线假说进行了扩展，在 EKC 框架下考察收入差距、经济发展质量与耕地资源消耗关系[14]。但也有学者对耕地资源消耗的 EKC 曲线在中国是否存在及其适用性持不同意见，通过对不同的区域、不同经济发展阶段耕地资源消耗变化趋势的分析，认为其变化趋势与 EKC 曲线并非完全保持一致[15]。可见，国内外学者在耕地资源消耗 EKC 方面取得了较多研究成果，但也存在明显的缺陷。现有研究的基本假定是各区域具有"同质性"，即中国各城市之间耕地资源消耗的驱动因素以及作用方式是相同的。事实上,不同地区之间的资源禀赋、经济发展水平、产业结构、城市化水平、人口规模等各个方面都存在着较大差异,这种假定的"同质性"会造成模型测算结果的偏差,不利于进行耕地保护的差异化管理。因此,需要将不同地区经济发展的不平衡性和资源禀赋的差异纳入耕地资源消耗 EKC 假说验证模型。

　　Hansen 在 1999 年提出了门槛模型,其主要原理是以得出的门槛值为临界点,将样本分为不同的区间,针对处于不同区间的变量之间的关系分别进行考察,然后通过对比不同区间各变量回归系数的差异来检验门槛效应的存在[16-17]。该模型可以自动识别数据的内生性特征和差异性,从而对研究对象进行有效的划分,克服了一般线性模型对非线性关系的解释力不强、划分组别趋同性较弱、设定分组标准时出现的主观随意性等问题[17]。有学者尝试将之应用到空气污染的环境库兹涅茨曲线验证的研究[18,19],具有较高的适用性,但还未见门槛模型在耕地资源消耗 EKC 的应用。基于此,本文运用 1998—2017 年省际面板数据,将门槛模型应用到耕地资源消耗领域的 EKC 假说验证,从而回答"二者之间是否存在库兹涅茨曲线假说"、"耕地资源消耗什么时候才能出现转折点",以及"在不同经济发展水平下是否存在差异性"等问题,以期为差异化的耕地保护政策的制定提供技术支撑。

二、研究方法和数据来源

(一)EKC 面板数据模型

　　借鉴已有的环境库兹涅茨曲线(EKC)研究范式,先设定为二次方的形式,如果二次方形式不显著,则可以拟合为线性关系。按照以上思路,初始模型可以写为

$$CUL_{it} = \beta_0 + \beta_1 AGDP_{it} + \beta_2 (AGDP_{it})^2 + x_{it} + \mu_{it} \tag{1}$$

式(1)中,i 为省份;t 为年份;CUL 表示耕地资源消耗,$AGDP$ 表示人均 GDP,x 表示控制变量,μ 为正态分布的随机误差项。根据(1)式回归结果可以判断耕地资源消耗—人均收入的几种可能的曲线关系模型系数:① 当 $\beta_1 \neq 0$,$\beta_2 = 0$ 时,耕地资源消耗与人均收入之间呈线形关系;② 当 $\beta_1 > 0$,$\beta_2 < 0$ 时,耕地资源消耗与人均收入之间符合"倒 U 形"EKC;③ 当 $\beta_1 < 0$,$\beta_2 > 0$ 时,耕地资源消耗与人均收入之间呈"U 形"曲线关系。如果符合环境库兹涅茨曲线(EKC),则可

以用（2）式计算出相应的转折点：

$$AGDP^* = -\beta_1/2\beta_2 \tag{2}$$

（二）门槛面板模型

当一个参数达到特定的数值后，往往会引起另外一个参数发展形势突变，在此种状况下传统线性回归模型可能会造成结果的偏差。而采用门槛效应模型可以更为精确地探究因变量和自变量的关系。门槛模型的一般形式为

$$y_{it} = \beta_1 Sub_{it} \times I(Sub \leqslant \tau) + \beta_2 Sub_{it} \times I(Sub > \tau) + \theta' X_{it} + \varepsilon_{it} \tag{3}$$

式中，i 为省份；t 为年份；y 为被解释变量；$I(*)$ 为示性函数，当括号内的条件满足时，取值为 1，否则为 0；Sub 为门槛变量；τ 为门槛值；X 为控制变量集合；ε 为随机干扰项。最优门槛值应该令 $SSR(\tau)$ 在所有残差平方和内最小，即

$$\tau_1 = \mathrm{argmine}_i(\tau_1) \tag{4}$$

满足式（4）的观测值便是门槛值。确定门槛值之后，还需要进行门槛效应的显著性检验和门槛估计值的真实性检验。

具体到耕地资源消耗 EKC 门槛效应的检验，本文将耕地资源消耗设为因变量，人均 GDP 作为门槛变量，并合理选取相应的控制变量，构建面板门槛模型：

$$CUL_{it} = \beta_1 AGDP_{it} \times I(AGDP \leqslant \tau) + \beta_2 AGDP_{it}^2 \times I(AGDP \leqslant \tau)$$
$$+ \beta_3 AGDP_{it} \times I(AGDP > \tau) + \beta_4 AGDP_{it}^2 \times I(AGDP > \tau) + \theta' X_{it} + \varepsilon_{it}$$
$$\tag{5}$$

式中，CUL 为因变量耕地消耗，$AGDP$ 为人均 GDP，X 为控制变量集合。

（三）指标选择与数据来源

1. 指标选择

本文以省域为研究单元，利用 1998—2017 年省际面板数据验证耕地资源消耗的 EKC 假说。以耕地消耗（CUL）作为被解释变量，用某省全年建设用地占用耕地数量表示；以经济发展水平（$AGDP$）作为核心解释变量，用人均 GDP 来表示。同时还在模型中加入了相关控制变量，参考相关研究主要选择以下变量[20-24]：① 人口规模（POP）：用某省年末常住人口数量来衡量。② 城市化水平（AB）：用某省城镇常住人口数占某省总人口数的比例来衡量。③ 产业结构（STR）：用某省 GDP 第三产业所占份额占当年某省 GDP 第二产业所占份额的比例来衡量。④ 土地比较收益（COM）：用单位面积二、三产业增加值占单位面积第一产业增加值的比例来衡量。⑤ 政府土地收益（$ZFSY$）：用某省土地出让金以及某省耕地占用税之和占某省当年财政收入的比值来衡量。⑥ 政府财政

分权($CZFQ$)：用某省人均财政预算支出占中央人均财政预算支出的比例衡量。

⑦ 固定投资水平(INV)：用某省全社会固定资产投资总额来衡量。

2. 数据来源

本文计算所需的数据主要来源于 1999—2018 年《中国统计年鉴》，耕地资源消耗数量来源于 1999—2018 年《中国国土资源统计年鉴》、《中国土地年鉴》。由于西藏地区部分数据缺失，故将西藏地区剔除，仅考虑大陆地区 30 个省级行政区。

三、实证分析

（一）面板数据检验

为消除变量异方差的影响，本文首先对变量数据进行双边取对数处理。其次，变量间协整的前提是各变量是同阶单整[25]，因此要对面板数据进行单位根检验。在此基础上，对面板数据的协整关系进行检验，在得出人均 GDP 和耕地消耗之间存在长期协整关系的前提下对两者之间的作用规律进行分析探讨。

1. 单位根检验

所谓面板单位根检验是指将面板数据中的变量各横截面序列作为一个整体进行单位根检验。检验包括两种方式：一是假定所有的面板单位包含着共同的单位根，比如 LLC 检验和 Breitung 检验；二是假定不存在共同单位根，由于该方法放宽了基本假定，更加逼近现实，具有一定的优越性，比如 IPS 检验、Fisher-ADF 和 Fisher-PP 检验[26,27]。为了确保检验的稳定性和精确性，本文采用两类检验方法分别进行检验，同根检验采用 LLC 方法，不同根检验采用 ADF 检验。在单位根检验中发现 $\ln AGDP$、$\ln AB$、$\ln CZFQ$、$\ln INV$、$\ln STR$ 同根检验 P 值分别为 0.736、0.648、0.012、0.082、0.315，不同根检验 P 值分别为 1.000、1.000、0.584、0.468、0.778，表明以上变量未通过单位根检验，存在不平稳序列。因此需要进行差分将数据转换为同阶平稳数据。差分后数据平稳性检验结果显示样本数据的同根检验 P 值和不同根检验 P 值均小于 1％，全部转为平稳数据。

2. 协整检验

关于面板数据的协整检验，主要包括两种方式：一是假定不存在协整关系，通过残差构造统计量进行检验，如 Pedroni[28] 和 Kao[29] 在相关研究中采用了这种检验方式，结果具有较高的可信度；二是假定存在协整关系，如 LM 检验[30]。本文采用 Kao 的协整检验方法对耕地消耗与人均 GDP 之间是否存在长期协整关系进行检验。Kao Residual 检验的统计量为－4.5981，对应的 P 值为 0，拒绝原假设，这表明检验变量之间存在长期稳定的均衡变动关系。

（二）不考虑门槛效应的回归结果

表 1 分别报告了不考虑门槛值 EKC 曲线的固定效应模型、随机效应模型以及混合 OLS 模型的回归结果。Hausman 检验值为 0.000，表明拒绝随机效应模型的原假设，因此选用固定效应模型。表 1 中固定效应模型的回归结果表明，人均 GDP 的二次项系数为－0.250，一次项系数为 5.014，并且通过了 1％水平显著性检验，说明我国整体上耕地资源消耗与经济增长之间呈现先上升再下降"倒 U 形"的变化趋势，拐点值为 10.028（实际人均 GDP＝22651.92 元）。即当人均 GDP＜222651.92 元时，耕地消耗随经济发展水平的提高而增加，当人均 GDP 水平＞22651.92 元时，耕地消耗随经济发展水平的提高而降低，符合 EKC 假说。

在控制变量中城市化水平、人口规模、固定资产投资、政府出让土地收益在 1％、5％或者 10％的显著水平下通过检验。其中，人口规模、固定资产投资、政府出让土地收益的回归系数为正，证明随着这些变量的增加耕地资源消耗也随之增加；城市化水平和产业结构的回归系数为负，表明当城市化水平处于较高水平以及产业结构的优化升级对于土地资源的集约利用具有积极影响，能够抑制耕地消耗现象的发生。未通过显著性检验的控制变量有政府财政分权和土地比较收益，其中政府财政分权的回归系数为 0.0473，土地比较收益的回归系数为 0.000232。

按照不考虑门槛效应 EKC 曲线回归结果，目前我国各省份均已跨过拐点值，耕地消耗随着经济发展而减少，这一结果明显与事实不符。造成这种状况的原因是我国各个省份在经济发展水平方面存在较为明显的差异性，仅仅通过简单的整体回归是难以得出我国耕地资源消耗与经济发展之间的真实发展规律。因此，还需要通过门槛模型对我国各省份进行回归分析，更进一步探讨探讨我国耕地资源消耗与经济发展之间 EKC 关系的差异性。

表 1　不考虑门槛值耕地资源消耗 EKC 模型回归结果

指标	cul		
	fe	re	ols
ln$AGDP$	5.014 ***	3.948 ***	2.277 ***
	(5.93)	(5.2)	(3.07)

续　表

指标	cul		
	fe	re	ols
$\ln AGDP^2$	−0.250 ***	−0.214 ***	−0.159 ***
	(−5.85)	(−5.70)	(−4.29)
$\ln AB$	−2.840 ***	−0.183	1.468 ***
	(−2.64)	(−0.34)	(3.97)
$\ln POP$	0.214 *	0.114 ***	0.0414 **
	(1.89)	(3.81)	(2.15)
$\ln CZFQ$	0.0473	0.0387	0.0243
	(1.55)	(1.51)	(1.16)
$\ln INV$	0.246 *	0.354 ***	0.718 ***
	(1.83)	(3.79)	(9.61)
$\ln STR$	−0.557 ***	−0.482 ***	−0.434 ***
	(−4.91)	(−5.10)	(−6.14)
$\ln ZFSY$	0.866 ***	0.895 ***	0.876 ***
	(6.51)	(6.94)	(7.12)
$\ln COM$	0.000232	0.000649 **	0.000849 ***
	(0.7)	(2.35)	(4.03)
_cons	−18.40 ***	−13.41 ***	−5.724
	(−4.33)	(−3.60)	(−1.58)
R^2	0.459		0.656
R^2_w	0.459	0.448	
N	600	600	600
F	52.85		125.0
hausman	0.000		

注: *、**、*** 分别表示在 10%、5%、1% 的显著水平下通过检验。下同。

(三)考虑门槛效应的回归结果分析

选择人均 GDP 为门槛变量,利用 Hansen(1999)提出的"自抽样法"(Boot-strap)模拟其渐进分布,进而构造经验 P 值进行门槛个数估计。由表 2 可知双门槛模型在 5% 显著水平下通过了检验,因此采用双门槛模型。

表 2　门槛值个数估计

模型	F 值	P 值	BS 次数	临界值		
				1%	5%	10%
单一门槛	8.812	0.287	500	28.205	22.584	16.024
双重门槛	9.053**	0.018	500	9.766	5.376	4.206
三重门槛	4.565	0.198	500	10.911	8.283	6.559

表 3　门槛值估计

双重门槛模型	门槛估计值	95% 置信区间	实际人均 GDP(元)
Ito1	11.090	[8.930,11.090]	65512.74
Ito2	8.660	[8.600,8.980]	5767.53

通过门槛值估计得到两个门槛值分别为 8.660 和 11.090,对应的实际人均
GDP 分别为 5767.53 元和 65512.74 元。根据门槛值可以将我国 30 个省份
1998—2017 年的 5130 个观察值的经济发展水平分为三组,即人均 GDP 较高
(第Ⅰ阶段),人均 GDP 处于中等(第Ⅱ阶段),人均 GDP 较低(第Ⅲ阶段)。

表 4 报告了三个阶段固定效应模型、随机效应模型、混合 OLS 模型的拟合
结果。根据表中 hausman 检验结果,采用固定效应模型。

表 4　各发展阶段 EKC 曲线回归结果

指标	cul		
	fe	re	ols
$\ln AB$	−3.336**	−0.503	1.459***
	(−2.74)	(−0.91)	(3.93)
$\ln POP$	0.214**	0.131***	0.0444**
	(2.53)	(4.17)	(2.28)
$\ln CZFQ$	0.0642*	0.0503*	0.0266
	(1.12)	(1.95)	(1.27)
$\ln INV$	0.219*	0.300***	0.710***
	(2.00)	(3.17)	(9.42)
$\ln STR$	−0.424**	−0.401***	−0.399***
	(−2.65)	(−3.96)	(−5.48)

指标		cul		
		fe	re	ols
ln$ZFSY$		0.878 ***	0.909 ***	0.892 ***
		(4.41)	(7.07)	(7.24)
lnCOM		0.000365 **	0.000737 ***	0.000913 ***
		(1.51)	(2.61)	(4.27)
ln$AGDP$ ≤8.660	ln$AGDP$	−0.200 ***	−0.167 **	−0.0873
		(−7.99)	(−2.46)	(−1.17)
	ln$AGDP^2$	0.0248 ***	0.0203 **	0.0112
		(7.58)	(2.56)	(1.27)
8.660< ln$AGDP$ ≤11.090	ln$AGDP$	4.135 **	3.414 ***	1.646
		(2.5)	(2.95)	(1.33)
	ln$AGDP^2$	−0.202 **	−0.182 ***	−0.127 **
		(−2.34)	(−3.13)	(−2.03)
ln$AGDP$ >11.090	ln$AGDP$	1.586 ***	1.354 ***	1.087 **
		(2.86)	(2.79)	(2.1)
	ln$AGDP^2$	−0.142 ***	−0.121 ***	−0.0963 **
		(−2.84)	(−2.79)	(−2.09)
_cons		−14.18 *	−10.89 *	−10.89 *
		(−1.72)	(−1.92)	(−1.92)
R^2		0.478		0.660
R^2_w		0.478	0.467	
N		600	600	600
F		31.33		87.33
hausman		0.000		

注：* 、** 、*** 分别表示在 10％、5％、1％的显著水平下通过检验。

通过表 4 的固定效应回归结果可以发现，在不同阶段经济增长与耕地资源消耗具有不同的作用机制：① 第 Ⅰ 阶段，在人均 GDP 处于较低水平时（实际人均 GDP≤5767.53 元），人均 GDP 二次项系数为 0.0248，一次项系数为 −0.2，且都在 1％显著水平下通过检验。表明该阶段耕地资源消耗与经济增长之间呈"U 形"关系，耕地资源消耗随经济发展先下降后增加。通过计算得出 1998 年以来我国所有省份均已跨过最低拐点值，即处于耕地消耗随经济发展而增加阶段。造成这一现象的主要原因是：产业结构调整是我国转变经济发展方式的重要手段，同时也是经济发展的必然结果。随着经济发展，产业结构将会呈现出如下变化特征：第一产业产值和就业人口在总产值以及总就业人口中占比开始下降，第二产业、第三产业产值及就业人口则呈上升趋势[31]。因此，在第Ⅰ阶段，经济发展水平提高以及工业化、城市化进程加快，与之相伴的是人口大量流入城市和二、三产业占比增加，导致非农建设用地需求增多，耕地资源消耗现象加剧。② 第Ⅱ阶段，在人均GDP处于中等水平时（5767.53元＜人均GDP≤65512.74元），人均GDP二次项系数为-0.202，一次项系数为4.135，一次项、二次项系数均通过了5％显著性检验。这表明该发展阶段耕地资源消耗与经济发展之间出现"倒U形"关系的趋势。通过计算拐点值发现，该阶段大多数地区的经济发展水平未越过最高拐点值，即随经济发展耕地消耗现象加剧。同时通过对比中等发展阶段和较低发展阶段二次项系数绝对值发现，中等发展阶段耕地消耗速度较快。造成这一现象的主要原因有：该阶段经济发展水平和城市化水平快速提升，非农建设用地需求相对较低发展水平阶段也会大幅提升，进而导致耕地消耗速度加快；而在这一过程中，生产技术水平和产业结构也在不断地提高和优化，经济增长方式开始向集约型发展，经济增长对耕地资源的依赖程度逐步减小，"倒U形"曲线的特征开始出现[32]，部分经济发展水平较高地区率先越过最高拐点值，呈现耕地消耗随经济发展下降趋势。③ 第Ⅲ阶段，在人均GDP处于较高人均GDP阶段时（人均GDP＞65512.74元），人均GDP二次项系数为-0.142，一次项系数为1.586，且都通过了1％水平下显著性检验。表明该发展阶段各省份耕地资源消耗与经济发展之间呈"倒U形"关系，耕地资源消耗随经济发展呈现先上升再下降的态势。通过拐点值计算，处于该发展阶段的所有地区均已越过最高拐点值，呈现耕地消耗随经济发展减少的趋势。造成这一情况的主要原因是：随着经济发展水平的进一步提高，产业结构进一步优化升级，以高新技术和服务业为代表第三产业成为主导产业，城市土地利用效率也随之提高；城市化水平较高且发展速度趋于稳定缓慢增长，人口规模也逐渐趋于稳定[33]。这两方面都能够减少经济发展对耕地的需求。另外，此阶段土地市场发育程度较高，土地资源得到了最佳配置，土地价值也得到了充分体现，相对价格较高的土地会被相对价格较低的其他要素替代，在此过程中也能够减少耕地资源消耗。

各控制变量均在 1%、5% 或者 10% 的显著水平下通过了检验。人口规模、政府财政分权、固定投资、政府出让土地收益、土地比较收益与耕地资源消耗的相关系数都大于 0,表明随着这些变量的增长,耕地资源消耗也会随之增加。城市化水平、产业结构与耕地资源消耗的相关系数<0,证明随着这些变量的增加,耕地资源消耗不断下降。另外,通过将考虑门槛效应的回归结果与不考虑门槛值的回归结果相比发现,土地比较收益与政府财政分权两项控制变量从未通过显著性检验转变为通过显著性检验。可能的原因是:不考虑门槛模型的回归模型是传统的线性模型,传统线性模型无法很好地解决多重共线的问题,导致变量显著性检验失真,将重要的解释变量排除在模型之外。而考虑门槛模型能够克服我国各地区发展的不均衡和非线性问题,并自动识别地域经济发展差异性,能够准确地得出因变量与变量之间的作用规律。

(四) 对考虑门槛效应的 EKC 模型进一步分析

基于面板门槛模型,分别从时间维度和空间维度对我国耕地资源消耗与经济增长之间的 EKC 关系进行进一步分析。

1. 时间维度

基于上述门槛模型将人均 GDP 划分为 3 个阶段,表 5 列出了各个年份处在不同阶段的样本数量。随着时间的推移,三个阶段的样本数也在发生变化,并呈现一定的规律性:处于第 I 阶段(低人均 GDP)的样本数量逐渐减少;处于第 II 阶段(中等人均 GDP)的样本数先增后减;处于第 III 阶段(高人均 GDP 阶段)的样本数逐渐增多。在 2007 年,我国各省份均跨过了低经济发展水平门槛值,处于中等或高经济发展水平阶段。截止到 2017 年,我国人均 GDP 处于中等水平的有 21 个省份,处于高经济发展阶段的有 9 个省份。基于以上时间维度方面的考察,我国耕地资源消耗与经济增长之间在不同的阶段具有不同的作用机制,对不同时期的样本数据进行分析会得出不同的结果。整体来看我国耕地资源消耗现象可能会随着经济水平的不断提高而减少发生。

表 5　按年划分的每个机制中回归变量数目

年份	1998	1999	2000	2001	2002	2003	2004	2005	2006	2007
第 I 阶段	16	14	14	9	5	2	1	1	1	0
第 II 阶段	14	16	16	21	25	28	29	29	29	29
第 III 阶段	0	0	0	0	0	0	0	0	0	1

续 表

年份	2008	2009	2010	2011	2012	2013	2014	2015	2016	2017
第Ⅰ阶段	0	0	0	0	0	0	0	0	0	0
第Ⅱ阶段	29	28	27	27	26	24	24	22	21	21
第Ⅲ阶段	1	2	3	3	4	6	6	8	9	9

2. 空间维度

2017年分别处于3个经济发展阶段的各省份分布状况如表6所示。由表6可知,目前处在高人均GDP阶段(Ⅲ阶段)的9个省、直辖市分别是北京、天津、内蒙古、上海、江苏、浙江、福建、山东、广东,绝大多数为东部发达地区。处在中等人均GDP阶段(Ⅱ阶段)的21个省份均位于中、西部地区。目前无省份处于低经济发展阶段(Ⅰ阶段)。从不同阶段EKC曲线的形态来看,在经济发展水平较高的地区更易于得到EKC关系,马才学等[34]在探讨经济发展水平与耕地资源消耗关系的区域差异性的研究中也证明了这一点。由此可见,我国各省份经济发展水平在空间维度所表现出来的巨大差异,这种经济发展水平上的差异进而导致我国耕地资源消耗与经济发展之间作用机制的不同,进而表现出不同的EKC关系。

表6 2017年不同地区按经济发展水平划分所处的阶段

编号	省市区	发展阶段	编号	省市区	发展阶段	编号	省市区	发展阶段
1	北京	Ⅲ	11	浙江	Ⅲ	21	海南	Ⅱ
2	天津	Ⅲ	12	安徽	Ⅱ	22	重庆	Ⅱ
3	河北	Ⅱ	13	福建	Ⅲ	23	四川	Ⅱ
4	山西	Ⅱ	14	江西	Ⅱ	24	贵州	Ⅱ
5	内蒙古	Ⅲ	15	山东	Ⅲ	25	云南	Ⅱ
6	辽宁	Ⅱ	16	河南	Ⅱ	26	陕西	Ⅱ
7	吉林	Ⅱ	17	湖北	Ⅱ	27	甘肃	Ⅱ
8	黑龙江	Ⅱ	18	湖南	Ⅱ	28	青海	Ⅱ
9	上海	Ⅲ	19	广东	Ⅲ	29	宁夏	Ⅱ
10	江苏	Ⅲ	20	广西	Ⅱ	30	新疆	Ⅱ

四、主要结论与政策启示

（一）主要结论

本研究以 1998—2017 年我国大陆地区 30 个省、直辖市、自治区（西藏除外）的面板数据为基础，利用面板门槛模型，对我国耕地资源消耗与经济增长之间的 EKC 关系进行了再检验，研究结果表明：

（1）当经济发展水平处于不同的阶段和时期时，经济增长对耕地资源消耗的影响和作用机制不尽相同。主要规律如下：第 Ⅰ 阶段，当经济发展水平处于较低水平（人均 GDP≤5767.53 元）时，各省份耕地资源消耗与经济增长之间呈"U 形"关系，耕地资源消耗随经济发展先下降后增加；第 Ⅱ 阶段，在人均 GDP 处于中等发展阶段时（5767.53 元＜人均 GDP≤65512.74 元），该发展阶段各省份耕地资源消耗与经济发展之间呈"倒 U 形"关系，耕地资源消耗随经济发展先上升在下降；第 Ⅲ 阶段，在人均 GDP 处于较高发展阶段时（人均 GDP＞65512.74 元），该发展阶段各省份耕地资源消耗与经济发展之间同样呈"倒 U 形"关系；二者之间虽然都存在"倒 U 形"关系，但是处于第 Ⅱ 阶段的样本数据目前均未跨过最高转折点，而处于第 Ⅲ 阶段的样本数据目前均已跨过转折点，经济发展与耕地资源消耗之间呈现负相关关系。

（2）从时间维度的进一步分析发现，随着时间的不断推移，我国经济发展水平进入到更高阶段的（第 Ⅱ 阶段、第 Ⅲ 阶段）的省份越来越多。由于我国耕地资源消耗与经济增长之间在不同的阶段具有不同的作用机制，因此对不同时期的样本数据进行分析会得出不同的结果。整体来看我国耕地资源消耗现象可能会随着经济水平的不断提高而减少。从空间维度进一步分析发现，截至 2017 年，我国 2/3 的省份耕地资源消耗与经济增长之间的关系还处于第 Ⅱ 阶段（耕地资源消耗与经济增长之间呈"U 形"关系，大多地区处于拐点左侧，随经济发展耕地资源消耗现象增加），只有 9 个东部发达地区的省份进入到第 Ⅲ 阶段（耕地资源消耗与经济增长之间呈"U 形"关系，且均处于拐点右侧，耕地消耗随经济发展减少）。

（3）在控制变量中，人口规模、政府财政分权、固定投资、政府出让土地收益、土地比较收益、城市化水平、产业结构等因素对耕地资源消耗的影响也是极为显著的，其中人口规模、政府财政分权、固定投资、政府出让土地收益、土地比较收益等指标的增加会带来耕地资源消耗现象的加剧,而城市化水平和产业结构优化会减少耕地资源消耗现象的发生。

(二) 政策启示

为实现经济发展和耕地保护的双赢局面,根据中国耕地资源消耗异质性分析结果针对不同组别分别提出以下政策建议:① 第 I 阶段(人均 GDP≤5767.53 元):处于该阶段的省份要正确处理经济增长与耕地保护的关系,充分发挥后发优势,积极地引进先进的生产技术和经验,转变经济增长方式,减少经济增长的耕地资源投入。同时通过提高民众耕地保护意识、改革政绩考核标准、缩减土地收益城乡差距,激发耕地保护的内生动力。② 第 II 阶段(5767.53 元<人均 GDP≤65512.74 元):针对这一发展阶段应采取措施加快各省份跨过 EKC 曲线最高拐点值。可以通过金融杠杆、政府行业补贴等手段刺激市场发育,用市场的力量倒逼产业结构的优化和生产技术的升级,逐步向内涵式发展转变,实现经济增长与土地投入的早日脱钩,争取弯道跨过环境库兹涅茨曲线拐点。另外该阶段已经具备通过城市内部挖潜方式减少耕地占用的经济实力,应将之作为未来土地供给的主要途径。③ 第 III 阶段(人均 GDP>65512.74 元):针对该阶段,应在经济高质量发展的基础上转变耕地保护方式,实现数量、质量和生态的统一;同时,处于 III 阶段的省份应当发挥其示范效应和扩散效应,为经济落后地区提供可复制、可推广的耕地保护与经济发展良性互动的样板。

参考文献:

[1] 傅一珂,陈定江,刘伯民,等.2005—2015 年间中国省域物质资源消耗的解耦状态分析[J].中国环境科学,2019,39(12):5333 – 5341.

[2] 王静怡,李晓明.近 20 年中国耕地数量变化趋势及其驱动因子分析[J].中国农业资源与区划,2019,40(08):171 – 176.

[3] 陈先鹏,方恺,吴次芳,等.2009—2015 年中国耕地资源利用时空格局变化研究——基于粮食安全与生态安全双重视角[J].水土保持通报,2019,39(03):291 – 296+306+315.

[4] Grossman G, Krueger A. Environmental Impacts of a North American Free Trade Agreement[R]. NBER Working Paper, 1991, No. 3914.

[5] Cropper M, Griffiths C. The interaction of population growth and environmental quality[J]. American Economic Review, 1994, 84:250 – 254.

[6] Grossman G，A B Krueger. Environmental Impacts of a North American Free Agreement[M]// P Garber. The US-Mexico Free Trade Agreement. Cambridge MIT Press，1994.

[7] James A N. Agricultural land use and economic growth：environmental implications of the Kuznets curve[J]. International Journal of Sustainable Development，1999，2(4)：530－553.

[8] Kumar P，Aggarwal S C. Does an environmental Kuznets curve exist for changing land use? Empirical evidence from major states of India[J]. International Journal of Sustainable Development，2003，6(2)：231－245.

[9] 曲福田,吴丽梅.经济增长与耕地非农化的库兹涅茨曲线假说及验证[J].资源科学,2004,2(65):61－67.

[10] 蔡银莺,张安录.耕地资源流失与经济发展的关系分析[J].中国人口·资源与环境,2005,1(55):52－57.

[11] 孙爱军,张飞.耕地非农化的经济效应分析[J].经济问题,2010(10):88－91.

[12] 李永乐,吴群.经济增长与耕地非农化的 Kuznets 曲线验证:来自中国省际面板数据的证据[J].资源科学,2008,3(05):667－672.

[13] 许恒周,吴冠岑,郭玉燕.耕地非农化与中国经济增长质量的库兹涅茨曲线假说及验证——基于空间计量经济模型的实证分析[J].中国土地科学,2014,28(01):75－81.

[14] 李海鹏,叶慧,张俊飚.中国收入差距与耕地非农化关系的实证研究——基于对耕地库兹涅茨曲线的扩展[J].中国土地科学,2006(05):7－12.

[15] 胡建民,石忆邵.略论耕地库兹涅茨曲线在我国的适用性[J].长江流域资源与环境,2008,1(74):589－592.

[16] 谢杰.工业化、城镇化在农业现代化进程中的门槛效应研究[J].农业经济问题,2012,33(04):84－90＋112.

[17] Hansen B E. Threshold effects in non-dynamic panels：Estimation，testing and inference[J]. Journal of Econometrics，1999，93(2)：345－368.

[18] 成艾华,田嘉莉.工业化进程中的民族地区环境污染评价——基于面板门槛模型[J].开发研究,2014(03):105－109.

[19] 齐绍洲,严雅雪.基于面板门槛模型的中国雾霾(PM_2.5)库兹涅茨曲线研究[J].武汉大学学报(哲学社会科学版),2017,70(04):80－90.

［20］侯艳丽,马俊.我国耕地面积变化的影响因素分析及政策建议［J］.安徽农业科学,2019,47(18):60－64.

［21］李国敏,卢珂,黄烈佳.主体权益下耕地非农化价值损失补偿的反思与重构［J］.中国人口·资源与环境,2017,27(12):137－145.

［22］王伟.常州地区耕地利用空间分异及影响因素分析［J］.中国农业资源与区划,2019,40(02):94－99.

［23］韦宇婵,张丽琴.鄂豫地区耕地资源变化时空特征及其影响因素［J］.水土保持通报,2019,39(02):293－300.

［24］蔡运龙,霍雅勤.耕地非农化的供给驱动［J］.中国土地,2002(07):20－22.

［25］Engle R F, Granger C W J. Co-integration and error correction: Representation, estimation and testing［J］. Econometrical, 1987, 55:251－276.

［26］Maddala S G, Wu S. A co-mparative study of unit root tests with panel data and a new simple test［J］. Oxford Bulletin of Economics and Statistics, 1999, 61:631－652.

［27］Choi I. Unit root tests for panel data［J］. Journal of International Money and Finance, 2001, 20(2):249－272.

［28］Pedroni P. Panel cointegration: asymptotic and finite sample properties of pooled time series tests with an application to the PPP hypothesis［J］. Department of Economics Working Papers, 2004, 20(3): 597－625.

［29］Kao C. Spurious regression and residual-based tests for cointegration in panel data［J］. Journal of Econometrics, 1999:90.

［30］Suzanne McCoskey, Chihwa Kao. A residual-based test of the null of cointegration in panel data［J］. Econometric Reviews, 1998, 17(1): 28.

［31］梁亚楠.耕地数量变化与城市化水平的协调性研究——以芜湖市为例［J］.中国集体经济,2020(03):1－3.

［32］崔许锋,马云梦,张光宏.基于模型集成的中国耕地非农化影响因素及其时空特征研究［J］.中国农业科学,2018,51(22):4316－4327.

［33］朱彤,李纯斌.张掖市经济增长与耕地流失的库兹涅茨曲线假说［J］.中国集体经济,2019(34):3－4.

［34］马才学,温槟荧,郑伟伟,等.中国耕地非农化压力时空格局的演变分析［J］.长江流域资源与环境,2017,26(12):2065－2072.

Research on the EKC Relationship between Cultivated Land Resource Consumption and Economic Growth —An Investigation based on Panel Threshold Mode

Pan Gao[1,3], Liutao Liang [1,2], Linke Liu[1,2], Tinghui Wang[1,2]

(1. College of Environment and Planning, Henan University,
Kaifeng475001, China;

2. Key Laboratory of Digital Geography Technology Education of
the Middle and Lower Reaches of the Yellow River,
Henan University, Kaifeng 475004, China;

3. College of Public Administration, Nanjing Agricultural
University, Nanjing 210095, China)

Abstract: The purpose of this study is to explore the threshold effect of the EKC relationship between cultivated land resource consumption and economic growth, and to analyze its differences from the time and space dimensions. Research methods including Environmental Kuznets Curve (EKC), Threshold Panel Model and time-space analysis method are employed. The results show that there is a significant threshold effect between cultivated land resource consumption and economic growth. In different stages of economic development, there are different laws between the consumption of cultivated land resources and economic growth. When the per capita GDP is at a low level (per capita GDP $\leqslant$ 5767.53 yuan), there is a "U-shaped" curve relationship between the consumption of cultivated land resources and economic growth. The consumption of cultivated land resources decreases first and then increases with economic development; when the per capita GDP is at a medium level (5767.53 yuan < per capita GDP ⩽ 65512.74 yuan), there is an "inverted U-shaped" relationship between the consumption of cultivated land resources and economic growth, but in most provinces, when the per capita GDP is at a high level (per capita GDP > 65512.74 yuan), the relationship between the consumption of cultivated land resources and economic growth is "inverted U-shaped". The consumption of cultivated land resources first rises and then falls with the improvement of economic development level. Provinces at this stage all cross the highest inflection point, and the consumption of cultivated land gradually declines with the economic development. At the same time, population scale, fiscal decentralization, fixed investment, government revenue, land comparative revenue and other indicators have positive effects on the consumption of cultivated land resources, while urbanization level and industrial structure optimization have a negative effect on the consumption of cultivated land resources.

Key Words: land resource consumption; economic growth; threshold effect; Environmental Kuznets Curve

国际生态修复理念与方法对我国新时期国土综合整治的启示

翁　睿，韩　博，孙　瑞，金晓斌

（南京大学地理与海洋科学学院，江苏　南京 210023）

摘　要　随着社会经济的发展和城镇化进程的加速，生态环境日益恶化，人类逐渐认识到不断出现的环境问题带来的严重后果，生态修复作为改善生态环境、保障人类福祉的重要手段，其科学研究和实践探索迅速发展。针对当前我国国土综合整治和生态修复的理念和方法侧重于非生物环境和小范围特定环境的局限，在明确国际生态修复基本概念和内涵的基础上，基于 CiteSpace 对 1988—2020 年 Web of Science 期刊引文数据库中的 4220 篇生态修复文献，分析发文数量、关键词、前沿热点等，梳理和总结国际生态修复理念演变、不同目标和尺度下的修复方法与措施，提出我国新时期国土综合整治理念应建立可持续发展的社会—生态耦合系统，整治方法应加强生物多样性和生态系统保护、关注景观修复，整治管理应建立社会参与、绩效监督、多元化投入机制，以及整治实施应因地制宜，循序渐进。

关键词　生态修复；国土综合整治；生物多样性；生态系统功能；社会—生态耦合系统

生态修复最早在 1975 年美国弗吉尼亚理工学院召开的"受损生态系统的修复"国际会议上系统提出。此次会议讨论了生态修复的原理、概念和特征问题，是国际上第一次系统讨论受损生态系统恢复和重建等的学术会议[1]。随着人类活动带来的生态环境变化，全球生态系统退化日益加剧，导致人类面临着全球生物多样性降低、海洋酸化、空气质量下降、土地系统变化、淡水使用减少等一系列

收稿日期：2020 - 3 - 30

作者简介：翁睿（1998—　），女，安徽六安人，硕士研究生。主要研究方向：土地利用与国土整治。

E-mail：wengrui0707@163.com。

挑战[2]。越来越多的人意识到这些问题给人类社会带来的严重后果,认识到恢复具有弹性、自我维持和生物多样性的自然生态系统的重要性[3]。近十年来,生态修复的科学和实践迅速发展,提出了丰富的理念、方法和措施。2011年,美国、巴西等国家开始实施一项大型森林恢复工程——"波恩挑战"(the Bonn Challenge),其目标是到2020年恢复1.5亿hm²退化或森林被砍伐的土地,到2030年要恢复3.5亿hm²该类土地;2016年,联合国环境规划署发起《生物多样性公约》,呼吁"恢复退化的自然和半自然生态系统(包括在城市环境中),扭转生物多样性丧失";2019年联合国大会批准《联合国十年生态系统恢复计划》,宣布2021—2030年为"生态系统修复十年",旨在扩大退化和破坏生态系统的恢复,以应对气候变化和生物多样性丧失的影响。除此之外,还有许多全球协议、承诺和倡议等都确立了修复生态系统的目标,生态修复已成为全球优先事项,持续有效实施生态修复有助于保护生物多样性,减缓和适应气候变化,增强生态系统弹性和适应性,改善人类健康和福祉[4-5]。

加强生态文明建设,推进和落实国土空间规划,统筹新时代山水林田湖草生态保护修复,使国土整治与生态修复成为生态文明建设和国土空间规划的重要抓手。新时期,我国国土综合整治和生态修复遵循"山水林田湖草是一个生命共同体"的理念,对国土空间实施整体保护、系统修复、综合治理,要求从过去的单一要素保护修复转变为以生态系统服务功能提升为导向的多要素保护修复[6]。目前我国国土综合整治已取得较为丰富的理论成果和实践经验,但修复侧重于非生物环境,修复手段多以工程性措施为主,修复尺度多为小范围特定环境。基于此,本文在对相关国际文献综合分析的基础上,系统梳理生态修复的概念和内涵,总结发达国家生态修复的理念及方法措施,以期为新时期我国国土综合整治提供参考和借鉴。

一、生态修复概念和内涵

生态修复(ecological restoration)的早期概念是指"恢复人类对当地生态系统多样性和动态的破坏的过程"[7],较为普遍的概念是2002年由国际生态修复学会提出的"修复是协助一个遭到退化、损伤或破坏的生态系统恢复的过程"[8]。随后,Miller提出生态修复是"以实现大量生态系统恢复为目标的任意形式的活动,这些活动对照适当的参考模型,与实现恢复所需的时间无关"[9]。在欧美等西方国家,常用"生态恢复"一词,"生态修复"则常见于我国和日本的研究。焦居仁认为,为了加速已被破坏生态系统的恢复,还可以辅助人工措施为生态系统健康运转服务,而加快恢复则被称为生态修复[10]。多年来,生态修复的概念不断发展变化,至今尚未统一(表 1)。

表 1　生态修复概念

学者/机构	时间	概念
Bradshaw and Chadwick[11]	1980	修复是用来描述所有那些旨在以恢复生物潜力的形式改善受损土地或重建已被破坏的土地并使其恢复有益利用的活动。
Berger[11]	1986	自然资源修复是指对已损坏的资源或区域在生物、结构和功能上进行更新的过程。
Higgs[12]	1994	生态修复是涉及生态系统恢复的一整套思想和实践(社会、科学、经济、政治)。
Jackson[7]	1995	修复是恢复人类对当地生态系统多样性和动态的破坏的过程。
SER(国际生态修复学会)[8]	2002	修复是协助一个遭到退化、损伤或破坏的生态系统恢复的过程。
焦居仁[10]	2003	为了加速已被破坏生态系统的恢复,可以辅助人工措施为生态系统健康运转服务,而加快恢复则被称为生态修复。
Davis and Slobodkin[13]	2004	生态修复是恢复景观的一个或多个价值的过程或属性的过程。
CBD(联合国生物多样性公约)[11]	2016	生态修复是指管理或协助恢复已退化、受损或破坏的生态系统,以维持生态系统的弹性和维护生物多样性的过程。
Miller[9]	2017	修复是以实现大量生态系统恢复为目标的任意形式的活动,这些活动对照适当的参考模型,与实现恢复所需的时间无关。

在内涵上,生态修复与生态恢复、生态重建既有区别也有联系。狭义上,生态修复指针对退化或受损的生态系统,遵循生态学规律,以利用生态系统的自适应、自组织、自调节能力进行生态系统的自我修复为主,辅以适当的人为引导,从而遏制生态系统的进一步退化;生态恢复强调停止人为干扰,恢复过程中充分发

挥甚至完全依靠生态系统的自适应、自组织和自调节能力，利用生态系统本身的发展规律促进受损生态系统的恢复，通常所需时间较长；生态重建重点针对受损严重的生态系统，通过人工手段规划、设计生态系统和建设生态工程，以重建新的生态系统来替代原有的生态平衡[1,9]。

生态恢复、生态修复和生态重建三者的最终目的都是使退化或受损的生态系统恢复到稳定、健康、可持续的发展状态，广义上的生态修复包括生态恢复、修复和重建[1]。生态修复可使退化的生态系统按照恢复的轨道发展，从而适应气候变化和组成物种的持续和演化，改善生态系统健康、生态系统完整性和社会生态弹性，通常用于描述生态系统恢复的过程和结果[5]。

二、基于 CiteSpace 的生态修复文献计量分析

（一）方法与数据来源

本文应用 CiteSpace5.6.R3 版本，对科学引文索引（Web of Science）核心合集进行数据收集。为了增强提取信息的合理性，以标题作为检索方式，分别以"ecological restoration"和"restoration ecology"为关键词进行检索，由于可检索到的文献最早发表于 1988 年，故将检索的时间确定为 1988—2020 年，在剔除非学术文献之后，共检索到相关文献 4220 篇。

（二）生态修复研究的发文数量变化

生态修复领域的第一篇论文发表于 1988 年。根据发文梳理，可以初步划分为三个阶段：1988—2006 年的增长缓慢阶段，2007—2012 年的稳步增长阶段，以及 2013—2020 年的快速增长阶段（图 1）。分析结果显示，生态修复研究被学术界的重视程度不断提升，可以预测这一趋势仍将继续。

（三）关键词分析

文献关键词能够概括和反映研究内容和焦点。通过对科学引文索引进行生态修复研究关键词共现分析，得到节点数 903，连线数 9238，网络密度 0.0227，对关键词进行同义替换后，统计关键词频次大于 500 的关键词（共 6 个）的词频位序图（图 2），具体包括："restoration"（修复）、"ecological restoration"（生态修复）、"biodiversity"（生物多样性）、"conservation"（保护）、"management"（管理）和"ecology"（生态学）。

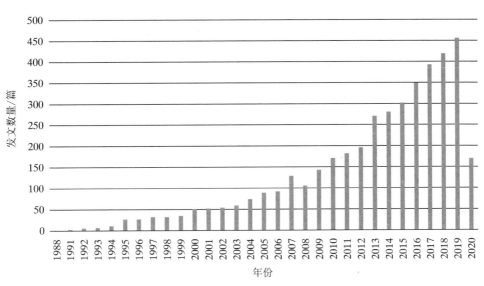

图1　国际生态修复研究发文数量（论文统计截止于 2020 年 5 月 28 日）

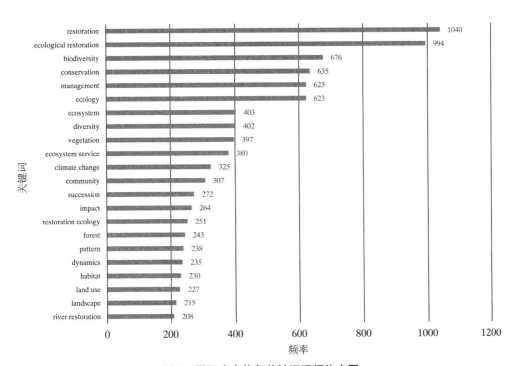

图2　国际生态修复关键词词频位序图

自 1988 年以来，国际关于生态修复的研究内容主要围绕"ecological resto-ration"（生态修复）、"disturbance"（干扰）、"conservation"（保护）、"ecosystem management"（生态系统管理）、"land use"（土地利用）、"degradation"（退化）等关键词展开；修复目标主要包括"biodiversity"（生物多样性）、"community structure"（群落结构）、"ecosystem function"（生态系统功能）等；修复对象主要包括"river"（河流）、"vegetation"（植被）、"forest"（森林）、"wetland"（湿地）等；修复区域主要包括"California"（加利福尼亚）、"Australia"（澳大利亚）等；修复尺度主要包括"landscape"（景观）、"habitat"（栖息地）、"population"（人）等；修复方法主要包括"fire"（火）、"adaptive management"（适应性管理）、"monitoring"（监测）等（图 3）。

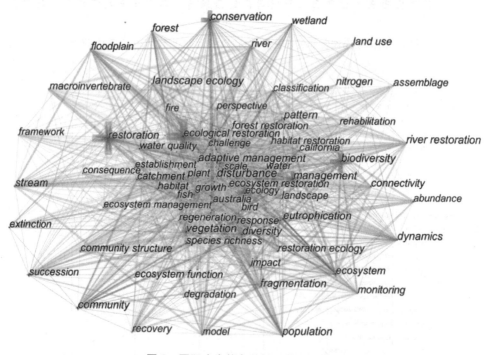

图 3　国际生态修复关键词共现网络

（四）前沿热点分析

通过 CiteSpace 软件中的 burst detection 和 Time Zone View 工具，对国际生态修复研究进行前沿热点和发展方向分析。突变关键词统计图（图 4）表明了 1988 年以来突变词的突变时期和突变强度，突变强度大于 5 的关键词包括："rehabilitation"（重建）、"disturbance"（干扰）、"ecosystem management"（生态系统管理）、"wetland"（湿地）、"habitat"（栖息地）、"Ponderosa Pine"（西黄松）、"mitigation"（减缓）、"California"（加利福尼亚）、"floodplain"（河漫滩）、"ecological integrity"（生态完整性）、"management"（管理）、"eutrophication"（富营养化）、"system"（系统）、"ecosystem"（生态系统）、"perspective"（观点）和"river"（河流）。其中"rehabilitation"（重建）突变强度最大，为 10.14，突变年份为 2000—2008 年，说明这段时间重建成为生态修复的爆发性话题。

Keywords	Year	Strength	Begin	End	1988—2020
rehabilitation	1988	10.1421	2000	2008	
disturbance	1988	9.8214	1996	2004	
ecosystem management	1988	9.7621	2000	2010	
wetland	1988	8.8069	1997	2002	
habitat	1988	8.3604	2000	2006	
ponderosa pine	1988	7.6541	2001	2012	
mitigation	1988	7.4331	2000	2009	
california	1988	6.9232	1995	2005	
floodplain	1988	6.9224	2000	2008	
ecological integrity	1988	6.1499	2000	2005	
management	1988	5.9345	2002	2004	
eutrophication	1988	5.6748	1995	2003	
system	1988	5.577	1999	2003	
ecosystem	1988	5.5628	1997	2002	
perspective	1988	5.507	1997	2008	
river	1988	5.3683	2002	2007	
pinus ponderosa	1988	4.7503	1999	2006	
arizona	1988	4.5489	1999	2006	
netherland	1988	4.3383	2002	2006	
biology	1988	4.3104	2000	2012	
population	1988	4.1479	1992	1998	
classification	1988	4.0996	2004	2007	
dynamics	1988	4.0628	1996	1999	
salt marsh	1988	4.0513	2000	2002	
model	1988	3.76	2001	2003	

图 4　国际生态修复突变关键词 TOP25

　　总体来说，国际生态修复热点主要集中在 1992—2007 年，这段时间生态修复领域出现了多个关键词，包括"ecological restoration"（生态修复）、"conservation"（保护）、"dynamics"（动力学）、"biodiversity"（生物多样性）、"fragmentation"（破碎）、"adaptive management"（适应性管理）、"climate change"（气候变化）等。2004 年，"land-use change"（土地利用变化）成为新的研究热点，到 2011 年，"biodiversity conservation"（生物多样性保护）又为学术界所关注。可以看到国

际研究热点前期主要集中于生态系统和生物本身，之后研究领域逐渐扩大，与土地覆盖、气候变化等相联系，在技术手段上逐渐专业化（图5）。

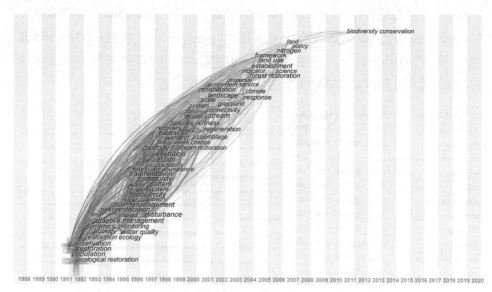

图5　国际生态修复关键词时区分布

三、国际生态修复主要研究内容及进展

在应用 CiteSpace 文献分析的基础上，适当扩充文献来源，系统梳理生态修复的概念和内涵，以总结发达国家生态修复的理念及方法措施。

（一）生态修复理念演变

传统的生态修复是指在一个静态平衡的环境中，通过重建过去环境中曾经存在的生态系统或栖息地，使退化的生态系统恢复到或接近人类活动干扰前的状态[14-15]。通常需要设定一个未受到环境退化影响的参考生态系统作为修复成功的标准[16]，退化的生态系统在修复过程中沿着一条既定的可预测的轨迹[17]，最终达到与参考生态系统相同或相似的物种组成。然而，随着全球气候环境变化，早期生态系统中的许多原始特征和物种组成遭到不可逆转的破坏，难以完全按照历史模板进行生态修复，而且修复后的生态系统也可能无法在未来的环境中具有可持续性[14,18]。因此，有学者提出建立面向未来的生态修复，注重修复生物多样性和生态系统功能,在有限的基础上重建因环境退化而丧失的生态结构,从而建立一个在未来环境中自我维持的生态系统[14,18]。生态修复以过程为导向,生态系统过程呈现动态性,不一定按照有序的轨迹向特定的终点发展,可能会经历不可预测的轨迹从不同的亚稳态向多个目标迅速转移[9,18-19]。

在环境快速变化的当代,越来越多人呼吁实施以未来为重点的生态修复,甚至考虑建立一种全新的生态系统。新生态系统可能包含历史生态系统所没有的物种组成和非生物环境,能够提供相同甚至更多的生态系统服务,具有相对稳定性和较高的文化价值[20]。尽管环境变化下传统的生态修复理念受到了剧烈挑战,但历史知识在生态修复中的指导作用仍然不可忽视。历史知识可以为过去生态状况提供参考信息,以便我们了解生态系统在过去条件下的运作状况以及过去生态系统和现在生态系统之间的差异等。同时,历史知识作为丰富的文化联系,强化了人们的地方感;并通过过去的情景变化揭示潜在的未来条件[21]。

近年来,生态修复与人类社会联系起来,关注有益的社会生态系统即人与自然生态系统耦合的修复,考虑人类和自然的利益,旨在提高生态系统服务,一定程度上打破了以往将人与自然视为独立不相关的实体的社会—生态二元论的意识形态[22-25]。生态修复也越来越重视气候变化的因素,致力于通过生态系统弹性属性修复以及生态系统管理增加生态弹性,从而实现一个有恢复力的生态系统[26-27]。这一主张在修复时着重考虑四个原则(即增加生态完整性、可持续性、考虑过去和未来、造福和参与社会),并将这些原则作为修复的目标[28]。

| 静态平衡 | 动态非平衡 |
| 以恢复生物多样性和生态系统功能为目标,关注自然生态系统小规模特定环境 | 以提高生态系统服务和恢复力等功能为目标,关注社会生态系统大规模、景观尺度的修复 |

过去　　　　　　　　　　　现在

图6　生态修复理念演变

(二)生态修复方法及措施

1. 基于生物多样性目标的修复方法及措施

在生态修复过程中,生物多样性的变化起着关键作用,构成生物多样性的物种组成决定了修复的方向和质量,也决定了生态系统的抗性和恢复力[29]。物种组成往往也是许多其他修复目标的基础,为实现这些目标所选择的物种不仅基于特定的参考地点或历史组成,还包括参考系统之外的一系列选择[30]。

植物物种是食物链和整个生态系统的基础[29]。在植物修复方面,有学者提出建立修复种子库的方法,这是一种集种质收集和储存、种质修复使用、种子种植、培训和信息传播的设施,帮助重新引入植物物种,进行大规模的土地修复[31]。种子的来源不仅需要关注本地物种,还应关注高质量和基因多样性的种子,以增加对未来环境变化的适应潜力[32]。此外,由于植物能够改变土壤属性,变化的土壤属性又反过来影响植物性能,需要考虑植物—土壤反馈(PSF)的作用,在地上—地下结合的环境中进行生态修复[33-34];运用"土壤生态知识"(SEK),综合考虑土壤的物理、化学和生物特性,例如利用土壤微生物群落促进土壤氮的减少[35-36]。

然而,历史上以植物为中心的修复方法是建立在梦境假说的基础上的,即一旦生态系统的植被建立起来,动物就会自动回归到干扰前的丰度、多样性和群落动态[37],但是恢复自然植被结构并不一定能促进动物的重新定居[38]。因此,越来越多人呼吁考虑动物在生态系统修复中的价值和作用。在动物修复方面,通常通过提供栖息地和资源来提高种群生存能力,包括在整个景观中重建关键的生境资源(如食物、食物基质、庇护所和繁殖地),以及维持影响种群生存能力的长期景观尺度过程(如分散、迁移)[39]。最近,Hayward 等提出关于回归野生环境的呼吁,强调野生动物的重新定居,考虑野生动物福利对生态修复的影响,从而重组生物群落和生态系统过程,以最少的持续管理提供自我维持的生态系统[40-41]。

2. 基于生态系统功能目标的修复方法及措施

生态系统功能与生态系统稳定性密切相关,功能多样性有助于缓冲环境变化对生态系统的干扰[42]。在恢复生态系统功能时,通过重新引入关键功能的优势种,然后增加不同功能特征的物种来增加生态系统功能多样性[43]。如果本地关键功能物种已经灭绝,引入具有相同功能特征的非本地物种作为生态替代也是一种有效的修复方法[43]。功能目标有时是不确定和难以衡量的,响应—效应框架可以将修复目标转化为生态系统功能目标,并用定量方法将生态系统功能目标转化为相应的物种组合[44-45],直接用于生态修复。在定量框架下,响应特性通过环境过滤和物种间的相互作用影响群落的组合方式,效应特性决定了生物体对生态系统功能影响[45]。植物与土壤之间的相互作用也可能帮助修复生态系统功能,例如受干扰植物群落恢复后功能群组成的变化对群落中土壤有机质中的碳储量有较大影响[34]。一些干预过程也可能改变生态系统功能,例如火可以帮助增加或减少特定物种,从而创造理想的植物群落[46],增强生态系统稳定性。在恢复生物群落方面,发展功能性食物网,强调构成生态系统及其相互作用的食物网的物种组合,有利于促进营养结构和生态网络的整合,增加生态系统的复杂性[47]。

3. 基于景观尺度的修复方法及措施

由于人类活动的干扰,生物栖息地破碎化越来越严重,局部生态系统或特定地区的斑块能够支持的物种数量较少,更易受到边缘效应和多因素干扰的协同影响[30]。因此,生态修复应向大规模的、景观尺度的方向发展。

恢复关键物种的栖息地和景观的连通性是景观尺度修复的两个重要方面。破碎化或退化的栖息地最终会导致不断减少的物种灭绝,但是不同持续时间上的延迟为栖息地修复提供了机会[48-49],目前原地修复对阻止物种灭绝的收效甚微,因此产生了保护导向型的修复方法,通过提供额外的栖息地来帮助恢复受威胁的物种[50]。利用保护迁移的手段,可将物种引入历史分布范围之外的适宜的栖息地,从而建立新的生物群落[9]。这一方法重点关注少量关键物种,发挥生态系统的自我设计能力[9],以实现栖息地的恢复。景观的连通性作为景观修复的一个重要特征,允许个体和基因在斑块之间和景观之间流动[30],通过建立走廊连接现有的碎片为保护提供作用[19],对增强修复区域的物种丰富度、恢复力和生态系统功能有重要的作用[51]。确定景观尺度的优先修复区域也有助于增强景观连通性,目前这个问题也有许多决策支持方法,例如,使用保护规划工具Zonation(分区)对物种栖息地的预期贡献来确定恢复的空间优先级[52];基于多尺度的景观结构定义优先修复区域[53];结合成本估算和栖息地网络中增强连接性的潜力对修复的地块进行优先排序[54]。

景观尺度的修复规模庞大,从数平方千米到横跨大陆的生态走廊不等,覆盖了各种栖息地和物种范围,为多个利益相关者提供服务和价值,涉及各种相互作用的生态、文化、社会、政治和经济等因素[55]。因此,景观修复需要纳入社会经济层面,整合利益相关者的合作和社会动机,权衡利益相关者的成本效益[56-57],从而促进修复成功。

4. 基于社会生态尺度的修复方法及措施

生态修复是直接造福生态系统的人类活动之一,不仅影响生态系统,也影响人类社会,关系着人类与自然系统之间不可分割的联系[58]。一个成功的修复应该是建立在社会生态条件改善的基础上的[23],因此人们不断探索人类社会和生态修复的相互影响。

生态修复的目标应该是经济和社会可接受的[18]。在经济方面,生态修复需要花费巨额的资金用以改善生态系统和向社会提供服务[59],因此生态修复的成本—效益逐渐引起了修复学家的关注,这也是大规模修复的关键考虑因素。目前研究大多集中于成本—效益的估算,例如将经济学工具应用于修复领域,解决生态修复的四个关键挑战:社会和经济效益、总成本、项目的优先级以及修复计划的长期融资[60];用概率方法量化修复策略的预期结果,用于规划未来的干预措施,使生态系统恢复的投资回报最大化[61];从成本—效益的角度指导修复发生的时间、地点和方式[62]。在社会方面,人与自然的相互关系使资源管理者认识到社区的互动和支持对修复项目成功的重要性[63],因此生物文化修复的概念被用于指导修复实践,生物文化修复是指土地和文化的相互强化的修复,即生态服务的修复有助于文化的复兴,而文化的更新促进生态逻辑完整性的修复[25]。为了使文化与自然联系起来,将本地人的历史知识、生态情感和生态记忆融入生态修复中[64],运用地方感在复杂的人类—自然生态系统中建立人对生态系统的依恋,实现生态修复的长期效益[58]。社区参与策略还包括认可本地知识和机构并与之合作;支持依赖景观的生计;理解并设计符合当地价值观和需求的项目;促进所有参与者的社会生态学习;提供教育项目,加深当地的生态理解和价值;运用系统解析方法,促进对当地社会生态系统的理解和实践等[65]。同时,大规模的修复依赖于多个利益相关者的参与、沟通和协作,需要扩大社会参与和国际合作,联合来自不同背景的公民、专家、社会组织、政府等,考虑各个利益相关者观点和需求[66-68]。在生态修复中进行多用途管理即同时管理资源,能够恢复生态系统的多种商品和服务的可持续产出,从而平衡有限资源的可持续利用与相互竞争的需求[69]。多用途管理还包括监测和适应性管理(AM),由于社会生态系统知识是不确定和不完整的,进行适应性管理可以增加学习和减少不确定性,增加社会生态系统弹性,以适应气候变化[69-71]。社会学习对适应性管理至关重要,创建了用于决策的共享知识[71]。将分期规模修复(SSR)纳入适应性管理,可以提高修复工作的科学严谨性、生态效益和整体效率[73]。SSR包括三个策略:在小地块上试验修复技术并进行评估;分期进行修复;将试验成功的修复技术应用于大规模区域[72]。由于环境的快速变化,长期的社会生态研究(LTSER)

十分必要,将修复作为一个连续的过程纳入社会生态系统管理中[73]。

此外,越来越多人认识到生态修复的决策很大程度上受到历时经验、文化传统以及同行输入的影响,科学上的不确定性以及不符合实际的目标可能会导致修复的失败,并为此付出巨大的代价,因此在修复领域呼吁基于证据的修复,包括使用严格、透明、可重复的方法来识别和积累相关知识来源,批判性地评估科学,整合可信度高的科学,交叉运用各学科等,从而产生强有力的修复政策和管理[74-75]。综合而言,在社会生态尺度,主张将修复治理纳入生态修复活动,关注不同时间和空间尺度、生物可行性、社会文化可接受性、财务可行性和制度可操作性,考虑制度、经济、社会和技术的重要性[76]。

四、生态修复理念和方法对我国新时期国土综合整治的启示

国际生态修复相关研究已取得积极进展,整体呈现出复杂化、多元化趋势。生态修复概念不断发展,修复尺度由关注简单的自然生态系统发展到关注社会生态系统,修复目标由恢复生物多样性和生态系统功能扩展到增强生态系统弹性和适应性,改善人类健康和福祉,修复方法从关注物种组成和生态系统转向关注生态修复和人类社会之间的关系。对我国而言,具体表现在修复尺度由山水林田湖草自然生态要素转向"人—山水林田湖草生命共同体"社会生态要素;修复目标从生态系统服务潜在供给增长拓展到提升可持续的人类福祉;修复方法由短期、局部目标的单一层级修复转向综合权衡协同重建、整治、修复的多层级修复。

(一)整治理念——建立可持续发展的社会—生态耦合系统

传统土地整治模式以解决乡村空间布局无序化、耕地资源利用低效化、生态系统质量退化等问题为目标,土地整治的重点和可实施的内容主要集中在农用地整理和建设用地整治上,难以完全解决综合性问题[77]。生态保护和修复的整体性、系统性不足,不利于建立人类社会和自然生态要素之间的有机联系。国土综合整治的最终目标是为人类生产生活提供生态系统服务,保障民生福祉。新时期我国国土综合整治范围不仅包括自然生态系统,还需要考虑整个社会经济系统,协调人类社会与自然环境之间的关系。在整治过程中加强历史环境的应用,从历史生态的角度考虑当前生态环境存在的问题,遵循自然生态系统演替规律,将历史因素与未来发展联系起来,重点考虑对生态系统弹性的修复,建立符

合可持续发展理念的社会—生态耦合系统。

（二）整治方法——加强生物多样性和生态系统保护，关注景观修复

目前，我国通过推进国家公园体制试点、实施自然保护区建设等工程，生物多样性保护取得积极成效，但整治手段仍以工程性手段为主，对自然生态系统的人工干预程度较大，不利于生态系统的有机更新。新时期我国国土综合整治需要继续加强对生物多样性和生态系统保护的关注，根据"保护优先，自然恢复为主"的原则，保护方法上注重生物物种的组成和引入，保护手段上以自然恢复为主，以工程性手段为辅，通过人工干预修复生态系统结构和功能，从而恢复生态系统的自我调节能力，最终实现一个稳定、健康、可持续的自然生态系统。此外，我国以国家生态安全战略格局为基础，以国家重点生态功能区、生态保护红线、国家级自然保护地等为重点开展生态保护修复，整治修复尺度向大规模、跨区域方向发展，但仍存在景观和生态环境各要素内在联系不明确的问题[77]。山水林田湖草的"整体保护、系统修复、综合治理"必然要求从更大空间尺度上统筹自然资源管理[1]。新时期我国国土综合整治需要充分考虑大规模、景观尺度的整治修复和生态环境要素之间的联系，关注动植物栖息地的修复和景观连通性，科学评估整治修复区域优先次序，统筹考虑恢复生态系统的时空尺度问题和等级结构问题[1]，从而将生态系统的结构、功能与景观尺度的保护修复联系起来[77]，实现国土综合整治和生态修复的系统性、整体性、综合性。

（三）整治管理——建立社会参与、绩效监督、多元化投入机制

我国现有的条块化管理体制使得国土综合整治的管理体系存在滞后和缺位的现象，可能造成生态要素之间有机联系割裂，不利于进行整体系统的生态修复[78]。新时期我国国土综合整治需要建立完善的管理体制，整治方式由政府主导型向政府主导、市场调节、居民参与的方式转变，考虑当地居民感知，完善社区参与机制，扩大社会参与和区域合作交流，统筹利益相关者参与的系统性和全面性，创新多元融合的投资机制和完善生态补偿机制。完善国土综合整治的科学方法体系，包括管理方式、监测技术、绩效评价指标等。最终实现"治理性整治"，真正将青山银山转变为金山银山。

（四）整治实施——因地制宜，循序渐进

目前我国在青藏高原生态屏障区、黄河重点生态区、长江重点生态区、东北森林带、北方防沙带、南方丘陵山地带、海岸带等重点区域布局全国重要生态系统保护和修复重大工程规划，针对各区域的自然生态状况和主要生态问题制定不同的修复目标、修复方向和修复措施,因地制宜,实事求是。国土综合整治是一个动态变化的过程,需要突破现行工程项目3年的实施期限,在不同阶段采取不同的整治方式,从人工恢复到自然恢复循序渐进,对整治过程和效果实施长期监管、监测和评估,并及时总结经验和教训,适时调整优化整治措施,从而增加社会生态系统弹性,提升国土综合整治效果,实现人与自然和谐共生。

参考文献:

[1] 曹宇,王嘉怡,李国煜.国土空间生态修复:概念思辨与理论认知[J].中国土地科学,2019,33(7):1-10.

[2] Steffen W, Richardson K, Rockström J, et al. Planetary boundaries: Guiding human development on a changing planet[J]. Science, 2015, 347 (6223): 10.1126/science.1259855.

[3] McDonald T, Gann G, Jonson J, et al. International standards for the practice of ecological restoration-including principles and key concepts[S]. Washington DC, USA: Society for Ecological Restoration, 2016.

[4] Aronson J, Alexander S. Ecosystem restoration is now a global priority: time to roll up our sleeves[J]. Restoration Ecology, 2013, 21(3): 293-296.

[5] Gann G D, McDonald T, Walder B, et al. International principles and standards for the practice of ecological restoration [J]. Restoration Ecology, 2019, 27: S1-S46.

[6] 王夏晖,何军,饶胜,等.山水林田湖草生态保护修复思路与实践[J].环境保护,2018,46(Z1):17-20.

[7] Jackson L L, Lopoukhine N, Hillyard D. Ecological restoration: a definition and comments[J]. Restoration Ecology, 1995, 3(2): 71-75.

[8] Hobbes R J, Davis M A, Slobodkin L B, et al. Restoration ecology: the challenge of social values and expectations[J]. Frontiers in Ecology and the Environment, 2004, 2: 43-48.

[9] Miller B P, Sinclair E A, Menz M H M, et al. A framework for the practical science necessary to restore sustainable, resilient, and biodiverse ecosystems[J]. Restoration Ecology, 2017, 25(4): 605-617.

[10] 焦居仁.生态修复的要点与思考[J].中国水土保持,2003(2):5-6.

[11] Martin D M. Ecological restoration should be redefined for the twenty-first century[J]. Restoration Ecology, 2017, 25(5): 668 – 673.

[12] Higgs E. Expanding the scope of restoration ecology[J]. Restoration Ecology, 1994, 2(3): 137 – 146.

[13] Davis M A, Slobodkin L B. The science and values of restoration ecology [J]. Restoration Ecology, 2004, 12(1): 1 – 3.

[14] Choi Y D. Theories for ecological restoration in changing environment: toward 'futuristic' restoration [J]. Ecological Research, 2004, 19: 75 – 81.

[15] Choi Y D, Temperton V M, Allen E B, et al. Ecological restoration for future sustainability in a changing environment[J]. Ecoscience, 2008, 15(1): 53 – 64.

[16] Benayas J M R, Newton A C, Diaz A, et al. Enhancement of biodiversity and ecosystem services by ecological restoration: a meta-analysis[J]. Science, 2009, 325(5944): 1121 – 1124.

[17] Aronson J, Floret C, Le Floc'h E, et al. Restoration and rehabilitation of degraded ecosystems in arid and semi-arid lands. II. Case studies in Southern Tunisia, Central Chile and Northern Cameroon[J]. Restoration Ecology, 1993, 1(3): 168 – 187.

[18] Choi Y D. Restoration ecology to the future: a call for new paradigm[J]. Restoration Ecology, 2007, 15(2): 351 – 353.

[19] Hobbs R J, Norton D A. Towards a conceptual framework for restoration ecology[J]. Restoration Ecology, 1996, 4(2): 93 – 110.

[20] Hobbs R J, Higgs E, Harris J A. Novel ecosystems: implications for conservation and restoration[J]. Trends in Ecology & Evolution, 2009, 24(11): 599 – 605.

[21] Higgs E, Falk D A, Guerrini A, et al. The changing role of history in restoration ecology[J]. Frontiers in Ecology and the Environment, 2014, 12(9): 499 – 506.

[22] Yin R, Zhao M. Ecological restoration programs and payments for ecosystem services as integrated biophysical and socioeconomic processes—

China's experience as an example[J]. Ecological Economics, 2012, 73: 56 - 65.

[23] Perring M P, Erickson T E, Brancalion P H S. Rocketing restoration: enabling the upscaling of ecological restoration in the Anthropocene[J]. Restoration Ecology, 2018, 26(6): 1017 - 1023.

[24] Liu S, Dong Y, Cheng F, et al. Practices and opportunities of ecosystem service studies for ecological restoration in China[J]. Sustainability Science, 2016, 11(6): 935 - 944.

[25] Fox H, Cundill G. Towards increased community-engaged ecological restoration: a review of current practice and future directions[J]. Ecological Restoration, 2018, 36(3): 208 - 218.

[26] Timpane-Padgham B L, Beechie T, Klinger T. A systematic review of ecological attributes that confer resilience to climate change in environmental restoration[J]. PLoS One, 2017, 12(3): e0173812.

[27] Standish R J, Hobbs R J, Mayfield M M, et al. Resilience in ecology: Abstraction, distraction, or where the action is? [J]. Biological Conservation, 2014, 177: 43 - 51.

[28] Suding K, Higgs E, Palmer M, et al. Committing to ecological restoration[J]. Science, 2015, 348(6235): 638 - 640.

[29] Liu X, Liu S. Introduction to the special issue: Biodiversity mechanism in natural succession and ecological restoration[J]. Ecological Engineering, 2020, 143: 10.1016/j.ecoleng.2019.105614

[30] Shackelford N, Hobbs R J, Burgar J M, et al. Primed for change: developing ecological restoration for the 21st century[J]. Restoration Ecology, 2013, 21(3): 297 - 304.

[31] Merritt D J, Dixon K W. Restoration seed banks—a matter of scale[J]. Science, 2011, 332(6028): 424 - 425.

[32] Broadhurst L M, Lowe A, Coates D J, et al. Seed supply for broadscale restoration: maximizing evolutionary potential[J]. Evolutionary Applications, 2008, 1(4): 587 - 597.

[33] Van der Putten W H, Bardgett R D, Bever J D, et al. Plant-soil feed-

backs: the past, the present and future challenges [J]. Journal of Ecology, 2013, 101(2): 265 - 276.

[34] Kardol P, Wardle D A. How understanding aboveground-belowground linkages can assist restoration ecology[J]. Trends in Ecology & Evolution, 2010, 25(11): 670 - 679.

[35] Heneghan L, Miller S P, Baer S, et al. Integrating soil ecological knowledge into restoration management[J]. Restoration Ecology, 2008, 16(4): 608 - 617.

[36] Young T P, Petersen D A, Clary J J. The ecology of restoration: historical links, emerging issues and unexplored realms[J]. Ecology Letters, 2005, 8(6): 662 - 673.

[37] Cross S L, Bateman P W, Cross A T. Restoration goals: Why are fauna still overlooked in the process of recovering functioning ecosystems and what can be done about it? [J]. Ecological Management & Restoration, 2020, 21(1): 4 - 8.

[38] Hilderbrand R H, Watts A C, Randle A M. The myths of restoration ecology[J]. Ecology and Society, 2005, 10(1): 585 - 607.

[39] McAlpine C, Catterall C P, Nally R M, et al. Integrating plant-and animal-based perspectives for more effective restoration of biodiversity[J]. Frontiers in Ecology and the Environment, 2016, 14(1): 37 - 45.

[40] Hayward M W, Scanlon R J, Callen A, et al. Reintroducing rewilding to restoration-rejecting the search for novelty[J]. Biological Conservation, 2019, 233: 255 - 259.

[41] Capozzelli J F, Hecht L, Halsey S J. What is the value of wild animal welfare for restoration ecology? [J]. Restoration Ecology, 2020, 28(2): 267 - 270.

[42] O'Gorman E J, Yearsley J M, Crowe T P, et al. Loss of functionally unique species may gradually undermine ecosystems[J]. Proceedings of the Royal Society B: Biological Sciences, 2011, 278(1713): 1886 - 1893.

[43] Montoya D, Rogers L, Memmott J. Emerging perspectives in the restoration of biodiversity-based ecosystem services[J]. Trends in Ecology &

Evolution, 2012, 27(12): 666 - 672.

[44] Suding K N, Lavorel S, Chapin Iii F S, et al. Scaling environmental change through the community-level: a trait-based response-and-effect framework for plants [J]. Global Change Biology, 2008, 14 (5): 1125 - 1140.

[45] Laughlin D C. Applying trait-based models to achieve functional targets for theory-driven ecological restoration[J]. Ecology Letters, 2014, 17 (7): 771 - 784.

[46] Pyke D A, Brooks M L, D'Antonio C. Fire as a restoration tool: a decision framework for predicting the control or enhancement of plants using fire[J]. Restoration Ecology, 2010, 18(3): 274 - 284.

[47] Fraser L H, Harrower W L, Garris H W, et al. A call for applying trophic structure in ecological restoration[J]. Restoration Ecology, 2015, 23(5): 503 - 507.

[48] Tilman D, May R M, Lehman C L, et al. Habitat destruction and the extinction debt[J]. Nature, 1994, 371(6492): 65 - 66.

[49] Volis S. Conservation-oriented restoration-how to make it a success? [J]. Israel Journal of Plant Sciences, 2016, 63(4): 276 - 296.

[50] Volis S. Conservation meets restoration-rescuing threatened plant species by restoring their environments and restoring environments using threatened plant species[J]. Israel Journal of Plant Sciences, 2016, 63(4): 262 - 275.

[51] Volis S. Conservation-oriented restoration-a two for one method to restore both threatened species and their habitats[J]. Plant Diversity, 2019, 41(2): 50 - 58.

[52] Thomson J R, Moilanen A J, Vesk P A, et al. Where and when to revegetate: a quantitative method for scheduling landscape reconstruction[J]. Ecological Applications, 2009, 19(4): 817 - 828.

[53] Tambosi L R, Martensen A C, Ribeiro M C, et al. A framework to optimize biodiversity restoration efforts based on habitat amount and landscape connectivity[J]. Restoration Ecology, 2014, 22(2): 169 - 177.

[54] Torrubia S, McRae B H, Lawler J J, et al. Getting the most connectivity per conservation dollar[J]. Frontiers in Ecology and the Environment, 2014, 12(9): 491-497.

[55] Ockendon N, Thomas D H L, Cortina J, et al. One hundred priority questions for landscape restoration in Europe [J]. Biological Conservation, 2018, 221: 198-208.

[56] Stefanes M, Ochoa-Quintero J M, de Oliveira Roque F, et al. Incorporating resilience and cost in ecological restoration strategies at landscape scale[J]. Ecology and Society, 2016, 21(4): 10.5751/ES-08922-210454.

[57] Jellinek S, Wilson K A, Hagger V, et al. Integrating diverse social and ecological motivations to achieve landscape restoration[J]. Journal of Applied Ecology, 2019, 56(1): 246-252.

[58] Kibler K, Cook G, Chambers L, et al. Integrating sense of place into ecosystem restoration: a novel approach to achieve synergistic social-ecological impact[J]. Ecology and Society, 2018, 23(4): 10.5751/ES-10542-230425.

[59] Moreno-Mateos D, Barbier E B, Jones P C, et al. Anthropogenic ecosystem disturbance and the recovery debt [J]. Nature Communications, 2017, 8(1): 1-6.

[60] Iftekhar M S, Polyakov M, Ansell D, et al. How economics can further the success of ecological restoration[J]. Conservation Biology, 2017, 31(2): 261-268.

[61] Shoo L P, Catterall C P, Nicol S, et al. Navigating complex decisions in restoration investment[J]. Conservation Letters, 2017, 10(6): 748-756.

[62] Rohr J R, Bernhardt E S, Cadotte M W, et al. The ecology and economics of restoration: when, what, where, and how to restore ecosystems [J]. Ecology and Society, 2018, 23 (2): 10.5751/ES-09876-230215.

[63] Winter K, Ticktin T, Quazi S. Biocultural restoration in Hawai'i also achieves core conservation goals[J]. Ecology and Society, 2020, 25(1): 10.5751/ES-11388-250126.

[64] Kurashima N, Jeremiah J, Ticktin T. I Ka Wā Ma Mua: The value of a historical ecology approach to ecological restoration in Hawai 'i [J]. Pacific Science, 2017, 71(4): 437 – 456.

[65] Willson K G, Hart J L, Zengel B. A longing for the natural past: unexplored benefits and impacts of a nostalgic approach toward restoration in ecology[J]. Restoration Ecology, 2019, 27(5): 949 – 954.

[66] Swart J A A, Zevenberg J, Ho P, et al. Involving society in restoration and conservation[J]. Restoration Ecology, 2018, 26: S3 – S6.

[67] Celentano D, Rousseau C A G. Integral ecological restoration: Restoring the link between human culture and nature[J]. Ecological Restoration, 2016, 34(2): 94 – 97.

[68] Liu J, Calmon M, Clewell A, et al. South-south cooperation for large-scale ecological restoration [J]. Restoration Ecology, 2017, 25 (1): 27 – 32.

[69] Mark W P, Lora B P, Kari E V. Restoration for multiple use[J]. Restoration Ecology, 2019, 27(4): 701 – 704.

[70] Farag A M, Larson D L, Stauber J, et al. Restoration of contaminated ecosystems: adaptive management in a changing climate[J]. Restoration Ecology, 2017, 25(6): 884 – 893.

[71] Kraus-Polk A, Milligan B. Affective ecologies, adaptive management and restoration efforts in the Sacramento-San Joaquin Delta[J]. Journal of Environmental Planning and Management, 2019, 62(9): 1475 – 1500.

[72] Bakker J D, Delvin E G, Dunwiddie P W. Staged-scale restoration: Refining adaptive management to improve restoration effectiveness [J]. Journal of Applied Ecology, 2018, 55(3): 1126 – 1132.

[73] Wells H B M, Dougill A J, Stringer L C. The importance of long-term social-ecological research for the future of restoration ecology[J]. Restoration Ecology, 2019, 27(5): 929 – 933.

[74] Hobbs R J. Setting effective and realistic restoration goals: key directions for research[J]. Restoration Ecology, 2007, 15(2): 354 – 357.

[75] Cooke S J, Rous A M, Donaldson L A, et al. Evidence-based restoration

in the Anthropocene—from acting with purpose to acting for impact[J].
Restoration Ecology，2018，26(2)：201 - 205.

[76] Sapkota R P，Stahl P D，Rijal K. Restoration governance：An integrated
approach towards sustainably restoring degraded ecosystems[J]. Environ-
mental Development，2018，27：83 - 94.

[77] 罗明,应凌霄,周妍.基于自然解决方案的全球标准之准则透析与启示[J].
中国土地,2020(4):9 - 13.

[78] 王军,应凌霄,钟莉娜.新时代国土整治与生态修复转型思考[J].自然资源
学报,2020,35(1):26 - 36.

International Ecological Restoration Concepts and the Enlightenment to China's Integrated Land Consolidation in the New Period

Rui Weng, Bo Han, Rui Sun, Xiaobin Jin

(School of Geography and Ocean Science, Nanjing University, Nanjing 210023, China)

Abstract: The ecological environment is deteriorating with the acceleration of social and economic development and urbanization. As an important means to improve the ecological environment and safeguard human welfare, ecological restoration has developed rapidly in scientific research and practical exploration. In view of the limitations of current concepts and methods of integrated land consolidation and ecological restoration study in China, the paper conducts an international research progress report based on 4220 pieces of ecological restoration literature in the citation database of web of science journals from 1988 to 2020. Employing CiteSpace analysis, it analyzes the number of papers, keywords and cutting-edge hot spots, and combs and summarizes the evolution of the concepts and the restoration methods and measures under different targets and scales of international ecological restoration. It is proposed that integrated land consolidation in the new period of China should set up sustainable development of social-ecological coupling system in conceptual framework, strengthen biodiversity and ecosystem protection and focus on landscape restoration in methods, establish social participation, performance supervision and diversified input mechanism in management, as well as adjust measures to local conditions step by step in implementation.

Key Words: ecological restoration; integrated land consolidation; biodiversity; ecosystem function; social-ecological coupling system

农村大学生土地承包权退出意愿及其影响因素

——基于 437 名农村大学生的问卷调查

王　丹，吴九兴

（安徽师范大学地理与旅游学院，安徽　芜湖 241002）

摘　要　厘清农村大学生持有土地承包权的现状和特征，分析农村大学生退出土地承包权的意愿及影响因素，为农村土地承包权退出政策设计提供参考。本文利用 437 名农村大学生问卷调查数据，采用 Probit 模型揭示农村大学生土地承包权退出意愿的影响因素。研究表明：农村大学生退出土地承包权意愿比普通农民或农民工更高，给予合理的退地补偿可以显著增加其退出意愿。在城镇安家落户的假设下，农村大学生无偿退出土地承包权的意愿主要受学历、对土地未来价值的预期、家庭在城镇是否购有商品房以及对承包地所有权归属的认知等因素的影响。在有合理补偿的假设下，农村大学生退出土地承包权的意愿主要受年龄、对土地未来价值的预期、家乡的土地撂荒现象以及对承包地流转权的认知等因素的影响。绝大多数农村大学生愿意退出承包地的前提是在城市里有稳定的工作和属于自己的住宅，倾向的补偿方式是以土地置换城镇住房和得到一次性经济补偿。建议在保障农村大学生土地承包权益和充分尊重农村大学生意愿的基础上逐步引导农地退出，重点引导土地撂荒严重地区和土地流转市场不发达地区的农地退出，明确农地退出补偿标准，对不愿意退出土地承包权的农村大学生可以鼓励其流转土地经营权，同时要为农村大学生在城市自由就业提供政策保障。

关键词　土地承包权；农村大学生；承包权退出；影响因素

收稿日期：2019 - 12 - 20

基金项目：安徽师范大学 2018 年本科生优秀毕业论文（设计、创作）培育计划项目"农村大学生土地承包权退出意愿及其影响因素"（pyjh2018435）。

作者简介：王丹（1998— ），女，安徽安庆人，本科生。主要研究方向：土地经济与管理。E-mail：17354271866@163.com。

通讯作者：吴九兴（1980— ），男，江西宜春人，博士，副教授。主要研究方向：土地利用与管理。E-mail：wujiuxing@163.com。

　　土地承包权退出是农村土地制度改革的一个重要方面,有利于促进城乡融合发展,实现农业规模经营和提高土地配置效率[1]。1999 年以来,普通高等学校招生人数大幅度增加,1998 年招生人数为 108.36 万人,2018 年招生人数为790.99 万人,其中来自农村的大学生占较大比例。近年来,许多学者探讨了农户土地退出意愿、退出补偿、退出机制等方面。例如,有关退出意愿的研究表明,农户退出土地承包权的意愿受到多种因素的共同影响:王兆林等立足户籍制度改革背景,证实了户主年龄、家庭成员是否已定居城镇、家庭是否有稳定的非农收入来源、土地情况、退地补偿与退地政策、退地后的保障问题对农户土地承包权退出意愿的影响[2];罗必良等认为农户的土地承包权退出意愿对其资源禀赋具有状态依赖性,那些以农业收入为主的农户对土地具有更高的依赖性[3];王丽双等从农户分化的角度考察土地承包权退出的影响因素,认为收入分化程度对承包权退出意愿有显著的正向影响[4];王常伟等揭示了现有农地退出政策或是一种次优选择,即最有条件退出农地承包权的农户反而倾向选择持有农地承包权[5]。可见,至今关于农户土地承包权退出意愿及影响因素的研究较多,而对农村大学生这一特殊群体的土地承包权退出意愿及影响因素的研究较少。实际上,农村大学生与传统农户一样享有土地承包权,且他们的土地资产处置意愿更高,因为他们的个体城镇化成功率较传统农户高[6],大学生在城市的自我保障能力较强,对土地的依赖性就会较低。通过网上问卷调查与面对面访谈相结合的方法收集数据,本文对农村大学生土地承包权退出意愿进行分析,以揭示农村大学生土地承包权退出影响因素,为农村土地承包权退出政策设计提供科学依据。

一、数据来源与研究方法

（一）数据来源

　　2019 年 2 月至 4 月,课题组通过网上问卷调查和面对面访谈相结合的方法,投放回收调查问卷 495 份,剔除掉有空白选项、异常值或明显错误的无效问卷之后,共收回有效问卷 437 份,问卷有效率为 88.3%。参与本次问卷调查的农村大学生来自 21 个省份,学历涵盖专科、本科、硕士和博士研究生。问卷内容主义涉及受访者个体特征、家庭特征、区位特征、对产权的认知和土地承包权退出意愿等方面。

（二）变量选择

参考已有相关文献,选取个体特征、家庭特征、区位特征、对产权的认知,4个维度11个变量对农村大学生退出土地承包权的影响因素进行调查(表1)。

表1　变量赋值

变量维度	变量名称	变量赋值
个体特征	年龄	1＝16～24 岁,2＝25～30 岁,3＝31～35 岁,4＝35 岁以上
	学历	1＝专科,2＝本科,3＝硕士研究生,4＝博士研究生
	就业状况	1＝在校读书,2＝已毕业未就业,3＝已毕业就业
	对土地未来价值的预期	1＝大幅降低,2＝略有降低,3＝保持不变,4＝略有提高,5＝大幅提高
家庭特征	承包地面积	实际数值(单位:亩)
	地块数量	实际数值(单位:块)
区位特征	承包地的质量	1＝很好,2＝好,3＝一般,4＝差,5＝很差
	城镇商品房拥有情况	1＝有,0＝无
	家乡土地撂荒现象	1＝有很多,2＝有但不多,3＝没有
产权认知	承包地所有权归属认知	1＝国家,2＝乡镇政府,3＝农民集体,4＝农户个人
	承包地流转权认知	0＝认为自己没有承包地流转权,1＝认为自己拥有承包地流转权

（三）模型构建

本文中的被解释变量,定义为农村大学生是否愿意退出土地承包权,该变量只有"是"或"否"两种取值,因此采用二元选择模型进行分析。二元选择模型是通过分析在两种可能性之间进行选择的定性数据,将解释变量的特征与被解释变量 y 之间发生的概率关系加以量化。在综合考虑自变量类型的情况下,本文采用 Probit 模型对农村大学生土地承包权退出意愿的影响因素进行量化分析,并将 Probit 模型的矩阵定义如下:

$$y＝\beta X＋\mu \tag{1}$$

式中:农村大学生土地承包权退出意愿 y 为二元离散变量,将农村大学生愿意退出土地承包权赋值为1,不愿意退出土地承包权赋值为0。由于 y 为离散变量,不能直接采用线性模型估计,故引入一个与 X 有关的潜在变量 $y^{*}＝\beta X＋$

μ^*。其中,自变量 X 为农村大学生土地承包权退出意愿的影响因素,β 为待估系数,μ^* 是相互独立且服从正态分布的随机扰动项。y 与 y^* 的对应关系可表达为

$$y = \begin{cases} 0,若 y^* \leqslant 0 \\ 1,若 y^* > 0 \end{cases} \tag{2}$$

进而,y 的概率模型为

$$p(y=1) = p(y^*>0) = p(\mu^* > -\beta X) = 1 - F(-\beta X)$$

$$p(y=0) = p(y^* \leqslant 0) = p(\mu^* \leqslant -\beta X) = F(-\beta X)$$

二、农村大学生土地承包权的持有现状与特征分析

问卷调查显示,受访的 437 名农村大学生共来自全国 21 个省份。其中,232 名农村大学生在农村没有承包地,占到了总人数的 53.09%;180 名农村大学生在农村拥有承包地,占总人数的 41.19%;还有 25 名农村大学生不清楚自己有没有承包地,占总人数的 5.72%。

在没有承包地的农村大学生中,27.24% 的农村大学生在村集体发包承包地的时候还未出生,我国二轮承包的起始时间是 1997 年左右,而样本中的大学生有很大一部分是 1997 年以后出生的,所以在二轮承包的时候没有分到承包地。3.89% 的农村大学生没有承包地的原因是家长在村集体发包承包地的时候自愿放弃土地承包权,可能是由于家里劳动力不足担心无法耕种发包的土地,也可能是家庭的非农收入较高,家庭成员不从事农业生产。1.56% 的农村大学生没有承包地的原因是其名下的承包地在其入学后被村集体收回,还有 8.95% 的农村大学生户口迁出后承包地被村集体收回。实际上这是一种非法行为。根据农村土地承包法第二十七条"承包期内,发包方不得收回承包地",村集体没有权力在农村大学生入学后收回其名下的承包地。再者,土地承包经营权属于用益物权,物权的最大特性就是直接支配性,这种支配性不因为户口的转移、职业的变更而丧失[7],所以即使农村大学生把户口迁出了原集体经济组织也依然拥有对其名下承包地的占有权、使用权、收益权和处置权。

在拥有承包地的农村大学生中,27.66% 的农村大学生名下承包地由家庭成员耕种,7.90% 的农村大学生名下承包地由亲友无偿耕种。超过 1/3 的农村大学生名下承包地流转给他人耕种,这是近些年来中央大力发展农业适度规模经营的结果。从农地"三权分置"的政策施行以来,全国土地流转的面积有了大幅

度的提高。5.17％的农村大学生名下承包地无人耕种，处于抛荒状态。在实地访谈中发现这种现象多发生在山地和丘陵地区，因为山地和丘陵地区的土地细碎化严重，不便于机械化耕作，承包商不愿意承包这些地区的闲置土地，于是土地抛荒现象比较严重，造成土地资源的严重浪费。

三、农村大学生土地承包权退出意愿分析

（一）农村大学生土地承包权退出意愿的前置条件分析

在调查土地承包权退出意愿时，本文假设了两个前提条件：一是如果以后在城镇安家落户是否愿意无偿退出承包地；二是如果给予合理补偿是否愿意退出承包地。在第一种前提下，样本中有 36.11％的农村大学生愿意无偿退出承包地；在第二种前提下，样本中愿意退出承包地的农村大学生达到了 82.22％，是第一种前提下的 2.28 倍。显然，给予农村大学生合理补偿可以明显提高其退出承包地的意愿。与农户土地承包权退出意愿比较而言，农村大学生的土地承包权退出意愿更高。对比王兆林以重庆市为样本地区对农户土地退出意愿进行的调查，发现仅有 8.42％的农户表示愿意退出承包地[8]；郑兴明在福建省三大中心城市进行农民工土地承包权退出意愿的随机抽样调查，发现样本中无一人愿意无偿退还承包地，愿意"有条件退出"的农民工占 53.7％，而无论如何都不愿意退出的占 46.3％[9]；高佳等在陕西省关中地区进行农户土地承包权退出意愿的调研问卷，发现样本农户中几乎四分之一的受访农户对退出土地持极度否定的态度，37.3％的农户不愿意退出土地，而愿意退出和非常愿意退出的农户仅占 15.5％和 8.7％[10]。

可见，农民工和农户的土地承包权退出意愿并不高，与大学生群体相比，他们的自我保障能力较弱，对土地的依赖性较高。农村大学生可以凭借自身的学识和能力在城市落户，对土地的依赖性较低。对于农村大学生而言，是否退出土地考虑的可能不是土地的社会保障功能，而是土地的财产功能，那么充分合理的补偿是引导农村大学生退出承包地的关键因素。

（二）农村大学生土地承包权退出意愿的影响因素分析

在完成多重共线性检验的基础上，本文采用 Eviews10.0 对调查数据进行 Probit 模型回归分析，估计结果见表 2。其中：模型Ⅰ的被解释变量为以后在城镇安家落户的前提下农村大学生无偿退出承包地的意愿 y_1；模型Ⅱ的被解释变

量为给予合理补偿的前提下农村大学生退出承包地的意愿 y_2。表 2 显示,模型的 LR 统计量是符合显著性要求的,表明模型的整体拟合效果较好。

模型 I 估计结果显示:如果以后在城镇安家落户,农村大学生是否愿意无偿退出承包地主要受学历、对土地未来价值的预期、家庭在城镇是否购有商品房以及对承包地所有权归属的认知等因素的影响。

（1）个体特征。学历越高的农村大学生越不愿意无偿退出土地承包权,原因可能是学历越高对国家政策和农业生产的关注度相对越高,对土地资源潜在价值的认识越深刻,所以倾向于保留土地承包权。对土地未来价值的预期是影响农村大学生土地承包权退出决策最关键的因素,显著性水平达到了 0.000。对土地未来价值的预期越高的农村大学生越不愿意无偿退出土地承包权。问卷调查发现,认为土地未来价值会大幅降低的农村大学生中有 83.3% 愿意无偿退出承包地,而认为土地未来价值会大幅提高的农村大学生中只有 21.3% 愿意无偿退出承包地,对土地未来价值的预期越高,说明农村大学生期盼以后可以从土地中获取更高的收益,因此不愿意无偿退出土地承包权。

（2）家庭特征。在城镇是否购有商品房在很大程度上会影响农村大学生土地承包权退出意愿,在 5% 的显著性水平下呈负向反馈作用。家里在城镇没有商品房的农村大学生反而更愿意无偿退出承包地,这与许多学者研究城镇住房对农户土地承包权退出意愿的影响时得出的结论截然相反。通常认为有城镇住房的农户家庭非农业收入较高,能负担得起城镇生活的各种开支[11],对农地的依赖程度比没有城镇住房的农户要低,所以退出承包地的可能性较大。然而对于农村大学生而言,承包地的生活保障功能可能并不突出,他们更加看中的是土地产权及其未来可能带来的一系列政策福利。在城镇购有商品房在一定程度上反映了家庭的经济条件较好,并且长期在城镇居住和生活,这类家庭虽然主要收入来源是非农产业,但是有恒产者有恒心,保持土地承包经营权的稳定可以增加农村大学生创新创业和努力创造财富的恒心,使农村大学生可以安心地从事任何行业,增加农村大学生的城市归属感。

（3）产权认知。承包地所有权归属认知显著影响农村大学生土地承包权退出意愿。样本中有近一半的农村大学生认为承包地所有权归国家所有,有三分之一左右的农村大学生知道承包地所有权归农民集体所有,还有 16.7% 的农村大学生认为承包地所有权归农户个人所有,2.8% 的农村大学生认为承包地所有权归乡镇政府所有。可以看出农村大学生对土地产权的认知存在较大的偏差,且

表 2　模型估计结果

变量名称	模型 I				模型 II			
	估计系数	标准差	Z 统计量	概率值	估计系数	标准差	Z 统计量	概率值
年龄	-0.211	0.201	-1.044	0.296	-0.443	0.225	-1.965	0.049**
学历	-0.437	0.257	-1.699	0.089*	-0.211	0.200	-1.049	0.294
就业状况	0.076	0.210	0.360	0.718	0.369	0.273	1.350	0.177
对土地未来价值的预期	-0.359	0.105	-3.414	0.000***	-0.385	0.151	-2.549	0.010***
承包地面积	-0.015	0.015	-0.931	0.351	0.023	0.027	0.833	0.404
地块数量	0.006	0.040	0.140	0.888	0.036	0.053	0.678	0.497
承包地质量	-0.097	0.143	-0.674	0.500	-0.006	0.156	-0.038	0.684
城镇商品房拥有情况	-0.492	0.228	-2.154	0.031**	-0.201	0.269	-0.743	0.457
土地撂荒现象	-0.159	0.176	-0.902	0.366	-0.425	0.213	-1.999	0.045**
承包地所有权归属认知	-0.169	0.088	-1.909	0.056*	-0.139	0.106	-1.308	0.190
承包地流转权认知	0.349	0.261	1.342	0.179	0.885	0.304	2.906	0.003***
常数项	2.996	0.958	3.126	0.002	3.429	1.052	3.261	0.001
LR 统计量	31.753				27.040			
LR 统计量显著性水平	0.001				0.004			

注：*，**，***分别表示 10%，5%，1%的显著性水平。

与农民对土地产权的认知也存在着很大的不同,高佳通过对陕西关中地区的580户农户的调研发现,近一半的农民认为自己有土地占有权[12],私有观念比农村大学生强很多。认为承包地所有权归国家所有的农村大学生中有42.5%愿意无偿退出承包地,认为承包地所有权归农民集体所有的农村大学生中有29.3%愿意无偿退出承包地,认为承包地所有权归农户个人所有的农村大学生中有25.8%愿意无偿退出承包地,可以看出土地所有权私有观念越强的农村大学生退出承包地的可能性越小。

模型Ⅱ估计结果显示:如果给予合理补偿,农村大学生是否愿意退出土地承包权主要受年龄、对土地未来价值的预期、家乡的土地撂荒现象以及对承包地流转权的认知等因素的影响。

(1)个体特征。在有合理补偿的情况下,各个年龄段的农村大学生退出土地承包权的意愿都有了大幅度的提高,其中年龄越小的农村大学生土地承包权退出意愿越强。对土地未来价值的预期仍在1%的显著性水平下负向影响农村大学生土地承包权退出意愿。

(2)区位特征。家乡的土地撂荒现象会显著影响农村大学生土地承包权退出意愿。家乡的土地撂荒现象越严重,农村大学生越愿意退出承包地,因为大量的土地撂荒是对土地资源的严重浪费,农村大学生愿意为现代农业的健康发展和耕地利用效率的提高贡献自己的一分力量。

(3)产权认知。农村大学生对承包地流转权的认知是影响其土地承包权退出意愿的关键因素,显著性水平达到了0.003。认为自己拥有承包地流转权的农村大学生土地承包权退出意愿更加强烈。拥有承包地的流转权意味着可以将名下的承包地流转出去获得相应的收益。在访谈中,我们发现很多地区的农地流转租金水平很低且不稳定,缺乏农地流转平台,有些地区的农地流转甚至连书面的流转合同都没有,只是口头约定,承包商出于风险的考量只愿意进行短期投资。农地流转的收益不仅不高而且缺乏持续性和稳定性,而退出土地承包权获得的经济补偿可以弥补放弃承包地流转权所带来的损失,而且可能还会有其他形式的补偿。因此只要给予合理的退地补偿,大多数农村大学生愿意退出承包地。

(三)农村大学生愿意退出土地承包权的前提和补偿方式分析

在调查问卷中,农村大学生愿意退出土地承包权的前提设置的是多选题,因此进行多重响应分析,分析结果见表3。

表3　农村大学生愿意退出土地承包权的前提

愿意退出承包地的前提	响应		个案百分比
	个案数	百分比	
在城里有稳定的工作	115	21.6%	80.4%
在城里有自己的住宅	96	18.0%	67.1%
家人都同意退出	77	14.4%	53.8%
家庭成员无人在老家生活	87	16.3%	60.8%
家里的承包地流转不出去	16	3.0%	11.2%
保障选举权、宅基地使用权、集体资产收益分配权等其他集体成员资格权不丧失	66	12.4%	46.2%
退地补偿达到自己的预期	76	14.3%	53.1%
总计	533	100.0%	372.7%

注:使用了值1对二分组进行制表。

　　由表3可知,绝大多数农村大学生愿意退出土地承包权的前提是在城市里有稳定的工作和自己的住宅,对比退地补偿和集体成员资格权,农村大学生更在意的是自己在城市里立足的能力。如果有足够的能力能在城市落户,有了稳定的工作,买了城镇住房,农村大学生就愿意退出土地承包权,逐步实现完全城市化。

　　农村大学生倾向的补偿方式集中在以土地置换城镇住房和得到一次性经济补偿。近一半的农村大学生选择以土地置换城镇住房的方式退出承包地,从侧面反映了近年来我国一、二线城市房价的一路攀升给想要在这些大城市里定居的农村大学生造成了巨大的经济、社会和心理压力。想要在城市扎根,农村大学生毕业后就必须面临一个重大而又现实的问题——住房问题。由于农村大学生在城市购房获得家庭支持的可能性及资助的力度都相对较小,不断攀升的房价无疑拉高了农村大学生在城市的生活成本,加大了其在城市的生存风险[13],所以如果退出土地承包权可以获得城镇住房的话,可以减轻农村大学生的经济压力,帮助农村大学生更快地融入城市。三分之一左右的农村大学生选择以获得一次性经济补偿的方式退出承包地,这样可以直接获得土地带来的经济利益,为定居城市打下经济基础。另外,13.9%的农村大学生选择以土地置换社会保险的方式退出承包地,2.1%的农村大学生选择以土地置换城市户口的方式退出承包地,说明现在的城市户口对农村大学生而言并没有太大的吸引力,大多数农村大学生都认为农村户口更有价值，即使以后在城市生活也愿意把户口留在农村。

（四）农村大学生不愿意退出承包地的原因分析

调查结果表明，56.8%的农村大学生认为农村的环境比较好，想要保留农村的土地给父母养老；54.1%的农村大学生对土地有深厚的感情，不愿意放弃土地承包权；51.4%的农村大学生受中国传统文化习俗的影响觉得要落叶归根，晚年要回到自己的家乡才有归属感；45.9%的农村大学生认为未来生活不可预期，想留存土地作为最后的生存保障；29.7%的农村大学生认为农村土地未来的经济价值越来越高，期望以后能从土地中获取更高的收益；21.6%的农村大学生对政府的退地补偿政策存在质疑，可能是因为目前只有一些政策文件鼓励各地积极探索开展土地承包经营权有偿退出试点，却没有设计一套科学合理的农村土地承包经营权退出机制，新修订的农村土地承包法中规定"承包方自愿交回承包地的，可以获得合理补偿"，但是却未对退地的方式、退地的程序以及补偿标准做出明确规定，这些都增加了退地的不确定性，降低了农村大学生退出土地承包权的意愿。

四、主要结论与政策建议

（一）主要结论

（1）对437名农村大学生调查发现，约一半农村大学生没有承包地，而户口迁移成为丧失承包地的重要原因。在有承包地的180名农村大学生中，大部分承包地是由家庭成员耕种或是流转给他人耕种，但还有一部分农村大学生名下承包地无人耕种，处于抛荒状态。

（2）无论是有偿还是无偿的情况下，农村大学生土地承包权退出意愿都比农户和农民工更高，给予农村大学生合理的补偿可以明显提高其退出承包地的意愿。

（3）在城镇安家落户的前提下，农村大学生是否愿意无偿退出承包地主要受学历、对土地未来价值的预期、家庭在城镇是否购有商品房以及对承包地所有权归属的认知等因素的影响。

（4）在有合理补偿的前提下，农村大学生是否愿意退出承包地主要受年龄、对土地未来价值的预期、家乡的土地撂荒现象以及对承包地流转权的认知等因素的影响。

（5）与多数学者对农户土地承包权退出意愿影响因素的研究结果不同，本研究发现年龄、学历、对土地未来价值的预期、家庭在城镇是否购有商品房对农村大学生土地承包权退出意愿有显著的负向影响；土地撂荒现象、对承包地流转权的认知对农村大学生土地承包权退出意愿有显著的正向影响。

（6）绝大多数农村大学生愿意退出承包地的前提在城市里有稳定的工作和属于自己的住宅，倾向的补偿方式是以土地置换城镇住房和得到一次性经济补偿。

（二）政策建议

（1）通过法律的形式保护农村大学生土地承包权权益，对户口迁出的农村大学生的土地承包权予以确认，禁止任何组织和个人侵犯农村大学生的土地承包权。参考农村土地承包法中对农村妇女权益的保护方式来保护农村大学生的土地承包权益不因户口的转移而丧失。

（2）在保障农村大学生土地承包权益的基础上逐步引导农地退出，充分尊重农村大学生的意愿，给予其自主选择权。对于愿意退出土地承包权的农村大学生，根据各自的需要给予合理的补偿，可以尝试补偿金和城镇住房相结合的方式，如在他们购买城镇住房或申请经济适用房和公租房时给予一定的优惠。同时，要保障退出承包地的农村大学生的选举权、宅基地使用权、集体资产收益分配权等其他集体成员资格权不丧失。对于在有合理补偿情况下仍然不愿意退出承包地的农村大学生，可以鼓励其流转土地经营权。

（3）重点引导土地撂荒严重地区和土地流转市场不发达地区的农村大学生首先退出土地承包权。如一些山地丘陵地区土地细碎化严重，不便于机械化耕作，生产效率低下，没有承包商愿意进行投资耕种，这些地区的土地无疑处于闲置浪费或者低效利用的状态，因此必须通过土地承包权退出实现土地资源的再分配。

（4）设计一套科学合理的农村土地承包权退出机制，明确承包地退出的补偿标准。绝大多数农村大学生愿意在有合理补偿的情况下退出承包地，建立完善的农村土地承包权退出补偿机制是引导农村大学生退出土地承包权的关键。

（5）为农村大学生在城市自由就业提供政策保障，鼓励农村大学生自主创业并给予其资金、资源、税收等多方面的优惠[14]，使其毕业后可以尽快找到稳定的工作,增强其在城市安家落户的能力,从而逐步实现完全城镇化。提高农村大学生土地承包权退出意愿的关键在于提高农村大学生扎根城市、融入城市社会的能力。

参考文献:

[1] 单志芬,毕涛,刘德方,等.发展规模经营 提高耕地资源利用率——黑龙江省农村土地规模经营的调研[J].中国农业资源与区划,2010,31(1):33-38.

[2] 王兆林,杨庆媛,张佰林,等.户籍制度改革中农户土地退出意愿及其影响因素分析[J].中国农村经济,2011(11):49-61.

[3] 罗必良,何应龙,汪沙,等.土地承包经营权:农户退出意愿及其影响因素分析——基于广东省的农户问卷[J].中国农村经济,2012(6):4-19.

[4] 王丽双,王春平,孙占祥.农户分化对农地承包经营权退出意愿的影响研究[J].中国土地科学,2015(9):27-33.

[5] 王常伟,顾海英.城镇住房、农地依赖与农户承包权退出[J].管理世界,2016(9):55-69,187-188.

[6] 刘灵辉.进城农民土地资产处置意愿影响因素研究[J].中南财经政法大学学报,2014(2):38-45.

[7] 刘灵辉.农村大学生非农化过程中承包经营权存在的问题及应对策略——基于319名农村大学生的调查[J].电子科技大学学报(社科版),2014,16(2):89-92,98.

[8] 王兆林,杨庆媛,李斌.农户农村土地退出风险认知及其影响因素分析:重庆的实证[J].中国土地科学,2015(7):81-88.

[9] 郑兴明.城镇化进程中农民工土地承包权退出意愿探析——基于福建省部分地区的调研[J].西北农林科技大学学报(社会科学版),2014,14(1):19-24.

[10] 高佳,宋戈,李世平.农户土地承包权退出经济补偿受偿期望及影响因素[J].干旱区资源与环境,2017,31(6):20-26.

[11] 楼佳俊,郑雨倩.资源禀赋、收入结构与就业特征对农地承包权退出意愿的影响[J].贵州农业科学,2017,45(10):161-164.

[12] 高佳,李世平.产权认知、家庭特征与农户土地承包权退出意愿[J].西北农林科技大学学报(社会科学版),2015,15(4):71-78.

[13] 王娜,叶春明.高房价下外来大学生定居一线城市意愿研究[J].技术与创新管理,2017,38(4):424-432.

[14] 丁玲,钟涨宝.农村生源大学生土地承包经营权退出意愿及影响因素研究——来自武汉部属高校的实证[J].农业现代化研究,2015,36(6):1032-1037.

The Withdrawal Willingness of Land Contract Right for Rural College Students and Its Influencing Factors: Based on a Survey of 437 Rural College Students

Dan Wang, Jiuxing Wu

(School of Geography and Tourism, Anhui Normal University, Wuhu 241002, China)

Abstract: The research aims to clarify the current situation and characteristics of rural college students holding the farm land contract right and analyze the willingness and influencing factors of rural college students to withdraw from their land contract right, to provide references for the policy design of the exit of rural land contract right. Taking the questionnaire survey data of 437 rural college students, this paper uses the method of independent sample T-test to analyze the significant differences of the basic characteristics of rural college students with different exit willingness. The research finds that the willingness of rural college students to withdraw from their land contract right is stronger than that of ordinary farmers and migrant workers; moreover, proper compensation could greatly enhance this kind of intention. Under the assumption of urban settling, whether rural college students are willing to withdraw from the land contract right free of charge is mainly influenced by the factors of educational background, the expectation of land value in the future, whether the family owns a commodity apartment in cities and the cognition of ownership of the contracted land. Under the assumption of reasonable compensation, whether rural college students are willing to withdraw from the land contract right is mainly affected by the factors of age, the expectation of land value in the future, the area of the contracted farm land, the prevalence of idle cultivated land in hometown and the cognition of the transfer right of the contracted land. Finally, this paper puts forward some policy suggestions to protect the land contract right of rural college students, including to fully respect the willingness of the rural college students, to clarify the compensation standards of quitting the land contract right, and to establish the employment security mechanism for rural college students.

Key Words: land contract right; rural college students; withdrawal of contract right; influencing factors

白色用地及其对国土空间规划的启示

钟苏娟¹，王　鑫²

(1. 南京大学地理与海洋科学学院，江苏　南京 210023；

2. 广东国地规划科技股份有限公司，广东　广州 510650)

摘　要　在经济社会快速发展与土地资源日渐稀缺背景下，创新土地利用模式具备重要现实意义。本研究梳理并总结了国内外有关白色用地研究的相关概念与具体实践经验，研究结果表明白色用地核心内涵在于发展空间的土地预留、土地混合开发与土地用途转换，在长期发展过程中已衍生众多相关概念并广泛应用于各地的规划实践。借鉴国内外白色用地实践经验，新一轮国土规划可在如下方面进一步探索：一是坚持刚性约束与弹性管控并行；二是从增量规划逐步转向存量优化；三是加强规划的全生命周期管控；四是推动国土空间规划中的公众参与。

关键词　白色用地；弹性规划；战略留白；国土空间规划

快速城镇化进程中，开发空间进一步增长的压力不断加大，而在市场经济尤其是新全球化背景下，城市发展的复杂性与不确定性也在不断增加，先前城市规划与土地利用规划中的"刚性"原则越来越阻碍发展进程，传统静态的城市土地利用规划逐步转向动态发展的弹性规划，探索规划留白成为热门话题[1]。与此同时，城市发展转型背景下各类新型产业层出不穷，对城市空间形态及功能的需求也日趋多元，单一土地功能及利用结构已难以满足城市产业结构融合及经济转型升级的实际需求，在既有土地结构下创新城市土地利用开发模式成为必然[2]。"白色用地"即弹性控制用地中的一种，其本质是加大国土空间规划弹性、

收稿日期：2020 - 3 - 6

基金项目：国家社会科学基金重大项目(17ZDA061)，江苏省决策咨询研究基地课题(20SSL021)，自然资源部土地整治中心"长江三角洲典型地区低效用地再开发利用模式分析研究"项目。

作者简介：钟苏娟(1998—　)，女，硕士研究生，主要研究方向：土地资源管理。E-mail：sjzhong32@163.com。

加强土地混合利用,是适应未来发展不确定性的多情景应对尝试。白色用地源于新加坡的城市规划,是通过预留城市用地保障未来发展空间并实现用地效益的最大化的一种用地方式,后引入国内具体规划实践中也被定义为区位极其重要、土地价值高或升值潜力巨大,且不能在短期明确用地性质的一类土地[3],其弹性开发、灵活利用及动态管理等特性与弹性规划及韧性规划中的部分理念有所重合,但整体上更侧重于具体地块的开发与使用,对我国当下土地利用具有重要借鉴意义。鉴于当前国内外对白色用地暂无统一定义,本研究主要围绕白色用地中发展空间的"土地预留"、"土地混合利用"及"土地用途转换"三大核心内涵开展文献回顾,通过系统梳理现有文献中相关内容及国内外实践经验,尝试提炼其核心思想与具体做法,以期为新一轮国土空间规划背景下的城市土地利用提供参考。

一、白色用地内涵

"白色用地"概念在 1995 年被新加坡城市重建局提出,又被称为"白色地段",通常位于新城开发地段、商业中心地段、交通枢纽地段、历史地段等区位条件良好,基础配套设施齐全的区域[4],开发商可以根据市场需求,在强制性规划指标范围内,灵活决定经政府许可的土地利用性质、土地其他相关混合用途以及各类用途用地所占比例,是新加坡城市预留用地的主要方式[5]。根据国土空间规划过程可将"白色用地"内涵划分如下三大要点:一是土地预留,将一些区位较好的地段预留为绿地或建设临时性建筑,根据未来市场需求灵活决定地块用途;二是混合利用,在时机成熟时,对白地进行功能定位,在内部探索主导用途、附属用途与允许混合的各类功能之间的综合利用模式;三是用途转换,开发商在"白色用地"使用期间,可于招标合同规定范围内,视市场需要自由变更使用性质与功能比例[6]。随着弹性规划及韧性规划等理念与实践的日益丰富,"白色用地"的核心内涵也得到不断发展与延伸,依据现有文献将其梳理如下:

1. 土地预留

当前与土地预留相关的概念主要有预留发展用地、发展备用地、留白空间等[7],均为应对未来发展不确定性与复杂性设置的机动空间。2019 年自然资源部发布的《市县国土空间总体规划编制指南》就鼓励规划"留白",要求在规划中留有弹性空间,确保规划能用、管用、好用。在国内外规划实践中,规划留白具体可分为"定空间,不定用途"、"定空间,不定时序"、"定指标,不定空间"三类,通过设置规划用途、指标与时序上的弹性提高空间包容性以应对未来的动态变化[8]。根据预留空间类型及开发机制的不同又可分为生态空间留白、文化空间留白、市场机制留白及社会参与留白。

生态空间留白上,主要提倡"留白增绿"、"以绿看地",在使用前将其作为公共生态空间的一部分,未来可结合发展需求实现用途的转换[9]。

文化空间留白主要通过一系列规划控制、内容创造以及微小的建设干预等方法,留住城市某些地段中可代表集体记忆的遗址与场所,并在后期升华其价值,如巴黎制订的"建新城保旧城"计划,在外围建设新区,保证旧城范围内不进行高密度、大体量、大规模开发,保护城市整体格局[10]。

市场机制留白是在规划中留出一部分空间由市场予以引导发展,而相对应的社会参与留白则强调发挥社区居民的主体性与参与性,通过社区营造自下而上地引导城市空间发展,其中典型有中国台湾传统村落——眷村[11]以及北京市艺术村镇——宋庄[12],对于"城中村"、"蚁族"聚居区等非正规业态空间的改造具有较高借鉴意义。

2. 土地混合利用

土地混合利用内涵包括土地混合功能与土地利用,体现为两种或两种以上的城市用地在土地使用、功能布局与空间形态上的混合使用[13],涵盖邻里/区域、副中心城市与城市等不同空间尺度[14]。在我国规划及土地资源管理实践中,相关概念有混合用地、综合用地与土地复合利用,其中混合用地多指城市规划编制相关技术准则中对地块不同使用性质的混合,强调内部功能的兼容;综合用地指国有土地使用权出让与转让相关规定中包含各用途不动产的用地;复合利用则强调地上、地下空间的系统性整合与叠加利用,多见于地铁站上盖以及大型综合体建设[15]。

当前混合土地利用已被许多现行规划理论所认可并在实践中广泛应用,联合国人居署在可持续邻里规划新战略中将混合土地利用作为五项基本原则之一[16],印度智慧城市建设中要求将混合土地利用作为区域开发改造、再开发或绿地开发的重要规划工具[17],美国城市土地学会(Urban Land Institute)严格规定了混合用地发展必须包括三种或三种以上能够产生显著收入的用途,同时具有相当的物质和功能集成(包括不间断的步行联系),并且按照统一规划进行建设。

3. 土地用途转换

与土地用途转换较为相关的研究主要是在"白地"概念基础上延伸出的"灰色用地"与"弹性空间"。其中"灰色用地"由中国城市规划设计研究院在2007年修编新一轮苏州工业园区分区规划时率先提出,为协调近期城市建设与远期发展目标之间的关系,规划中将由于土地价值提高需要逐步"退二进三"的工业用地定义为城市灰色用地。与白色用地的预留模式相比,灰地在每一阶段都有较为明确的用地功能,后期通过不同地块功能的多次转换实现土地价值的最大化[18]。

弹性地块则是学者提议在控制性详细规划中与白地共同发挥作用,用以应对规划不确定性而使用的政策工具,在土地利用规划中选定具备开发弹性的地块,根据城市发展的不同情况调整相应地块的开发模式。与白地开发中的市场驱动模式相比,弹性地块由政府严格控制并用以弥补市场配置可能产生的失效后果。

在先前弹性规划实践中,早有学者提议设置跟农村建设用地缩小相挂钩的城镇建设"弹性发展区",通过城镇与农村的空间置换以增强规划空间布局的相对灵活性[19]。也有学者提出在底线思维背景下突显城市空间管控的弹性,在"三类"、"三线"、"三区"三类空间管控方式下,设定弹性用地空间以提高用地空间使用效率[20]。过程中形成了一系列弹性空间的划定方法,如区间优化模型[21]、随机优化模型[22]及结合不同空间适宜度、土地利用转换难易系数的弹性空间配置等[23]。

二、国内外实践经验

(一)新加坡:"白色地段+白色成分"的城市规划

在新加坡的规划实践中,白色用地的规划过程即在当下预留具备特定区位的地段,在未来确定其具体用地性质及用地功能,并经严格论证和审批后长期出让。用地功能在过程中仅有一次置换,起初保留为绿色或建设临时性建筑,后期发展方向交由市场决定。

白色用地的选区主要包括以下几种地段:① 区位条件良好,周边环境发展成熟的地块,如商业邻里中心等可以适应未来商业或办公功能的扩大的地块;② 基础设施配套完善,发展潜力巨大,土地价值高的地块;③ 周边存在历史文物等复杂影响因素,且不能在短期确定用地性质,需要在市场运作中仔细考量的地块;④ 未来区域性交通干线、站点及各大交通枢纽附近,具备较高升值空间的地块。白色成分则是白色用地在城市规划多轮修编后形成的综合利用模式,为白色地块中可用于其他用途开发的用地比例,主要包含以"商业白地"和"商业园白地"为主的土地混合利用和建筑复合使用方式[24]。

在"白地"推入市场时,政府在规划指标中加入"白色"成分,鼓励混合用途开发,通常可在居住、商业、办公、酒店、公寓、会议、娱乐设施等用途中由开发商自行调整,但必须配套相关设施。政府通过强制性规划指标(用地面积、用地性质、容积率、建筑密度等);指导性指标(如沿街建筑一层用途等);城市设计指引(建筑形式、沿街景观、屋顶景观、步行道、车行系统等);发展控制指引(具体建设需遵循的相关发展控制要求)对其进行开发管控。在开发模式上,共有企业主导型及政府主导型两种模式可供选择,在企业主导型开发模式中,政府控制国有土地使用权的出让和负责开发招投标工作,中标企业进行具体的土地开发;政府主导模式则是由政府垄断土地一级市场,通过国有控股集团委托企业进行开发,土地征收、房屋拆迁、开发资金筹集、基础设施建设及开发后的出让和转让等均由政府负责完成。

(二) 纽约:刚弹兼备的分区规划

美国纽约市在土地供需矛盾日益突出的背景下,也已进入存量更新为主的发展阶段[25],基于对城市功能置换需求不确定性的认识与理解,纽约市在推行弹性用地分类系统的同时鼓励土地用途混合利用和功能复合叠加,以空间功能的留白推进存量建设用地再开发。

在区划上,纽约市将土地分为居住用途区、商业用途区和工业用途区 3 大类与 18 个使用组,并分别规定了在居住用途区(R)、商业用途区(C)和工业用途区(M)中允许设立的使用组。随着存量建设用地再开发的推进及市场对城市空间形态需求的日渐多元化,纽约市区划管制在三大基本功能分区的基础上又增加了特别目的区、激励性分区、叠加分区、浮动分区、发展权转移等弹性用地管理机制。特别目的区包括特殊海岸风险区、特殊商业促进区、特殊商业限制区、特殊混合试用期、特殊自然社区、特殊已规划社区保护区、特殊风景保护区等,主要为实现特定城市规划设计目标而设置;激励性分区则是以奖励额外容积率的形式鼓励开发商在进行公共设施建设时纳入开发项目;叠加分区是根据城市发展需要,在传统分区基础上叠加其他管控要求;浮动分区与叠加分区相关,是以文本的形式对分区修改内容进一步说明；发展权转移是将土地发展权以出售或转让形式进行转移，以提高对应地区土地开发强度[26]。

　　同时在区划中又细分了许多土地利用类型，如：A 混合利用区，通常为商业和住宅混合建造区；B 特殊用途区，为保护具有突出传统特征或为城市发展而限定的特殊保护地段；C 有限开发区，仅在满足区划法规定的某些条件下才允许开发的地区；D 集合建设区，多为在住宅区为争取好的环境而集中建设的地区；E 鼓励建设区，允许给予一定的优惠条件换取某些公众利益需要的地区[27]。整体上纽约在大类管控的同时鼓励土地混合兼容利用，在刚性管控的同时兼顾弹性，既实现了对全市重点政治、商业、自然及历史文化保护地区的灵活用途管制，也有效促进了政府管控下的用地分类与市场自主开发的双向互动。

　　（三）日本：基于各类细分制度的弹性地区规划

　　日本当下面向存量时代的地区规划制度是在原有规划体系中根据社会发展需求、制度与开发手法等迭代后的成果，可根据地区特性选择各类型的地区规划，也可通过与各类制度的叠加并用获得更为有利的开发条件，规划弹性较高，较常应用于老城区的更新过程中。

　　在 1980 年之前日本城市规划体系主要采用用途地域制为基础的土地使用分区规划，共分为区域区分制度与地域地区制度两部分内容，通过对土地利用、容积率、建筑密度等指标的控制实现对土地开发的限制，约束性较强。地区规划则是在新城市规划法中规定的适应地区特性的详细规划，制定主体可以是政府、原产权人或其他开发主体，并针对不同目的与适用地区划分了地区规划（基本型）、村落地区规划、再开发等促进区（原"再开发地区规划"与"住宅地高度利用地区规划"）、用途容积型地区规划、诱导容积型地区规划、容积适当分配型地区规划、街道诱导型地区规划、沿街地区规划、防灾街区整备地区规划、高度利用型地区规划、开发整备促进区及历史风貌保护地区规划共 12 类细分制度，其中部分规划设有规制缓和内容，可依据地区具体情况突破地区土地利用规划控制性指标及建筑基准法规定，以实现土地的高效利用与街区空间品质提升[28]。

　　基于各类细分制度的弹性地区规划充分考虑了地区特性、各利益相关者诉求等相关因素，有效弥补了原有用途地域制度的不足，同时也为街区的多样化发展提供了相关依据，对日本的老城区更新意义重大。

　　（四）上海：留白机制下的弹性适应规划

　　在全球城市建设目标指引下，上海市既面临土地、人口、生态、安全底线约束以及历史文化保护等刚性管控要求,同时又在转型发展和城市功能品质提升过程中面对更多的不确定性,城市中可用于"调剂"的增量空间十分有限,对城市规划的弹性适应能力提出了更高要求[29]。在这样两难的境况下,"上海2040"创新性地提出了"留白"这一概念。

上海市所有留白空间根据用途可分为以下三类:一是生态留白空间,在紧邻市域和区级生态环廊布局生态留白空间,在使用前作为生态空间的一部分用于扩展生态廊道,在未来可结合发展需要,布局与生态主导功能相符合的大型游憩设施或公益性项目。二是潜力发展区域,重点针对未来存在不确定因素较多、受市场影响较大的战略机遇区进行预控,后期根据城市转型发展和功能提升的需要,再确定性质和指标进行有序投放。三是重大事件用地,基于新一轮总体规划上海的"全球城市"定位,为未来与之相匹配的重大事件预留战略"留白"空间,充分结合市级重点功能区规划和重大事件用地选址专题研究等,保障重大功能、重大事件的空间需求。在具体空间布局上,战略留白空间选址重点关注规划城市开发边界内人均建设用地水平严重超标及土地利用绩效较低的地区,以提升城市土地节约集约水平、优化城市土地利用结构为主要目标;其次基于全市空间结构战略导向和地区转型机遇进行选址,对于未来可能发生重大改变的地区进行空间预留;此外对于当下未能明确发展方向的重点功能区及其周边关联区域进行预控[30]。

(五)中国(福建)自由贸易试验区厦门片区:弹性可控的混合用地规划

中国(福建)自由贸易试验区厦门片区总面积43.78平方千米,范围涵盖东南国际航运中心海沧港区域和两岸贸易中心核心区。为了适应经济转型的需要,提升区域发展的市场效益,2016年该区域在控制性详细规划编制中引入了混合用地的概念,并且出台了混合用地规划与土地管理的政策文件。

在具体实施中,区域对于商业、旅游、娱乐、金融、服务业等经营性用地采用"招拍挂"方式出让,将指向性的规划条件打包进行公开拍卖,建设单位可以将建筑功能根据市场情况和产业引导方向灵活变更使用,以提升行政审批效率,提升建设单位产业升级的积极性。过程中由管理方确定主导功能及区域,编制土地用途和建筑功能上的负面清单和建议清单,引导地块用途兼容。在符合负面清单的前提下,土地用途和建筑功能保持弹性,仅需备案后即可变更,不再另行结算土地出让金。出让成功的用地,开发商根据市场供给需求、产业发展需要,在符合负面清单的前提和使用期限内,以建议清单为依据,仅需备案后即可变更土地用途和建筑功能,无须重新核算土地出让金。由于除工业和居住用途外,其他土地用途的最高使用年限均为 40 年,因此确定混合用地的最高使用年限为 40 年,以消除土地变更中不同用地剩余年限登记报备的麻烦,简化地价换算的烦琐。在地价确定上,由于混合用地可混合用途比例的不确定性,按照土地价值最高、最佳使用原则,采用市场价进行评估出让起始价,一次性缴清,便于后续报备管理[31]。

(六)北京:减量背景下的战略留白规划

落实国土空间规划建设部署,2020 年北京市正式印发《北京市战略留白用地管理办法》,明确在全市 2760 平方千米城乡建设用地范围内统筹划定约 132 平方千米战略留白用地,且已在分区规划数据库中落图落位,并在各级各类规划编制及规划实施管理规则中细化落实,实施城乡建设用地与建筑规模双控,原则上 2035 年不予启用。

北京市战略留白用地的用意及空间布局主要有如下四种:一是为战略发展留机遇,在城市发展重要战略节点、重点功能区周边为战略发展预留战略空间;二是为长远发展留弹性,在新城及乡镇建成区边缘划定了发展备用型留白,为未来发展留有余地;三是为转型升级留契机,在现状低效利用待转型、待腾退区域划定的功能优化型留白,为转型发展留契机;四是为优化功能留空间,将"疏解整治促提升"专项行动腾退等用地中短期内无明确实施计划的地块,及时划入战略留白用地,用于修补和动态完善城市功能。

为了充分发挥战略留白举措对落实总体规划的战略支撑和空间调节积极作用,在推行的《北京市战略留白用地管理办法》中通过实施总量控制和动态优化管理,为城市长远发展预留高质量发展空间。一是保持总量平衡,原则上保证2035 年前战略留白用地只增不减;二是严格现状管控,根据留白用地内建筑物、构筑物情况,按实地留白用地和规划留白用地加强分类管控;三是加强规划留白用地腾退,有计划地实现实地留白,做到"地上物清零"和"零成本"持有;四是持续优化空间布局,将减量腾退后的非建设用地与战略留白用地统筹规划、调整布局,将战略留白用地向更具区位优势的区域集中,原匹配的建筑规模指标与战略留白用地捆绑使用[32]。

三、白色用地视角下的国土空间规划再思考

（一）白色用地对国土空间规划编制的意义

面向新一轮国土空间规划编制背景下"一张蓝图"规划对把握社会复杂性、多样性及难以预测性的规划编制要求，建立用地预控机制，进行规划"留白"成为健全科学高效规划管理制度体系、推进城市治理体系和治理能力现代化的重要创新举措。白色用地通过弹性空间的设置可调节土地市场的供需平衡并实现空间管制的刚弹结合；在发展的同时有意识地留出自然空间，有助于实现人与自然、发展与保护的相互协调、相互促进；此外，为优化提升城市功能及为城市重大基础设施、公共服务设施和应对重大公共安全问题预留空间，是增强城市韧性、减少规划失误，落实规划的长期有效性、严肃性和可实施性的有效路径。

（二）白色用地的实践类型总结与选择

综合实践来看，现有白色用地多半以空间预留为基础，出于重大事件或未来重大项目、城市扩张发展、产业升级转型及城市功能优化等不同目的可具体细分为重大事件留白、潜力发展型留白、转型升级型留白及功能优化型留白，也可根据土地利用现状、临时用途或拟开发用途进一步划分出生态空间留白与文化空间留白。用途转换与土地混合利用是白色用地的两大重点，过程大多由市场主导，但也有部分实践通过公众参与进一步决定地块具体用途。白色用地在地块划分到具体利用及管理过程中充分发挥了土地的多宜性特点及利用的弹性优势，实现了综合效益最大化。

由于开发目的常为最主要驱动力，而土地用途及开发机制均属于后期开发中的具体内容，因此根据白色用地留白目的及国土空间规划与开发实施具体情况，建议采取四种方式对规划"留白"空间进行预研预控：一是战略型留白空间，用于主导功能培育及产业发展预留，同时为未来可能发生的重大事件提供空间保障；二是发展型留白空间，以城市功能拓展为目标，随城市发展过程中的需求变化提供民生设施及重大基础设施用地，并为新兴产业的发展预留空间；三是优化型留白空间，以完善公共服务、提升宜居环境、实现土地使用综合效益最大化为目标，优化用地结构，提高土地利用绩效；四是指标型留白空间，面向未来城市发展需求及功能定位的诸多不确定性预留部分城市建设用地指标。

（三）白色用地的划定与启用

战略型留白空间主要依据自然环境、区位条件、公共基础设施完备程度、交通条件以及空间约束条件等在城市发展重要战略节点及重点功能区周边的存量建设用地中进行划定，并待未来有重大功能区及重大项目空间需求时启用。发展型留白空间则主要在即将发生重大改变的城市外围或预计未来受市场影响较大且目前无法确定具体用途和实施计划的发展机遇区，视发展阶段和市场需求决定启用时间。优化型留白空间可结合现状低效利用待转型的存量工业区或限制用地、老旧居民区之类待改造区域进行用地预留，在未来视区域结构用地与底线用地转型优化需求启用。指标型留白空间指"定指标，不定空间"的土地预留，暂不落地，待未来有重大项目空间需求，且现行规划及其他留白空间均无法满足其用地时按程序启用指标。

在具体管理中，应围绕土地空间预留、土地用途转换及土地混合利用三阶段开展。在留白地块进一步明确未来开发导向和开发时序前严格限制范围内新的开发建设行为，过渡期内对于没有建筑物、构筑物的实地留白用地，通过临时绿化实现"以绿看地"，进一步拓展城市生态空间；对于存在建筑物、构筑物的规划留白用地，则拆除违建建筑，保留合法建筑并制定出腾退时间表。留白空间进行土地用途转换时应寻求多方利益主体意见，根据启用时间、发展阶段、市场需求及项目发展需求灵活决定土地用途，并经评估论证后落实相应监管。在土地混合利用阶段，可制定建议清单及限制清单对业态予以良性引导，并设置居住、商业、办公、酒店、公寓、会议、娱乐设施等多种用途由开发商自行选择。

四、总结与建议

土地预留、土地混合利用与土地用途转换是白色用地的核心要义，同时也是各类理论研究与具体实践中重点探讨的用地模式，综合现有文献可以发现这三类用地模式时常关联出现但也各自发展出十分丰富的含义，包括弹性空间、留白空间、土地混合开发、土地复合利用以及灰色空间、弹性控制地块等等，总体上均可视为白色用地内涵的进一步拓展。从国内外实践来看，"白色用地"思想在各国规划实践中应用广泛，常见于弹性城市规划、分区土地规划、土地混合开发规划等，实践成效显著。综合白色用地的概念内涵与实践经验，在未来国土规划中

可着重从如下方面入手进行优化:

一是坚持刚性约束与弹性管控并行。在严格把控永久基本农田与生态保护红线的基础上充分考虑未来发展不确定性,分区位设置战略性留白空间、发展型留白空间、优化型留白空间以及指标型留白空间为未来发展提供充足空间保障。

二是从增量规划逐步转向存量优化。将存量建设用地的盘活、优化、挖潜与提升作为未来城市发展的重点内容,根据存量地块区位确定差异化开发模式,对重点地段的存量建设用地再开发的各项指标予以严格限定,但在具体用地功能与用途上进行弹性管控,同时探索土地混合利用与建筑复合使用的综合用地新模式。

三是针对白色用地划定、过渡期管理、触发启用和定期评估转化四个部分加强规划的全生命周期管控。依托全生命周期的评价机制,以国土空间规划为基础,将国土空间用途管制嵌入到"三区三线"空间管控中,强化国土空间分级分类管制,同时推动规划从空间覆盖向时空覆盖转型,强化对弹性地块的动态管理,允许在规划弹性管控范围内,自行调整土地功能,随之加强规范引导和执法监管,并制定弹性地块专项全生命周期管理办法。

四是推动国土空间规划中的公众参与。坚持以人为本,在资源环境承载力和国土空间适宜性评价的基础上,坚持上下结合、社会协同、公众参与的组织方式,要求规划充分回应当地人民切实需求与地方发展实际需要,科学统筹生态、农业、城镇空间。在留白用地未来开发过程中,坚持政府宏观调控下充分发挥市场的作用,顺应市场需求确定具体地块用途。

参考文献:

[1] 杨应奇.练好规划"留白"术[N].中国自然资源报,2020-05-12(003).

[2] 徐毅松,廖志强,刘晟.新理念、新目标、新模式——上海超大城市转型发展的思考与探索[J].城市规划,2017,41(08):17-28.

[3] 杨忠伟,王震.城市白色用地与灰色用地规划比较研究[J].现代城市研究,2011,26(12):28-33.

[4] 戴磊勋,文超祥.基于白色地块和弹性地块的弹性规划策略研究[C]//中国城市规划学会.2016中国城市规划年会论文集.2016:1-7.

[5] 张弛,罗江帆,曹春霞.国内外城市规划"留白"的经验借鉴与对重庆的启示

[C].中国城市规划学会、杭州市人民政府.共享与品质——2018 中国城市规划年会论文集(14 规划实施与管理).中国城市规划学会、杭州市人民政府:中国城市规划学会,2018:633-640.

[6] 范华,代兵.给未来留一点白——新加坡"白色用地"规划的经验与启示[J].资源导刊,2016(11):54-55.

[7] 王震,陆慧敏.白色用地在新城规划建设中的应用研究[J].江苏城市规划,2011(11):22-26.

[8] 陈书荣,陈宇,丘楚琦.国土空间规划编制的新思路——双层规划[J].南方国土资源,2020(02):29-32.

[9] 郭一嘉.战略留白:超大城市可持续发展的北京道路[N].中国房地产报,2020-07-20(011).

[10] 周群力.巴黎"城改"老街与新区同辉[J].资源导刊,2017(01):52-53.

[11] 周文静.文化创意助推传统村落保护与发展——以台湾"眷村"为例[J].城乡建设,2020(05):72-75.

[12] 于灏,季羿宇,岳鹏程.基于多元利益博弈平衡的存量更新策略探索——以北京宋庄小堡地区规划为例[C]//中国城市规划学会、重庆市人民政府.活力城乡 美好人居——2019 中国城市规划年会论文集(02 城市更新).中国城市规划学会、重庆市人民政府:中国城市规划学会,2019:1877-1887.

[13] 郑红玉,吴次芳,沈孝强.土地混合利用研究评述及框架体系构建[J].经济地理,2018,38(03):157-164.

[14] Rewati Raman,Uttam Kumar Roy. Taxonomy of urban mixed land use planning[J]. Land Use Policy,2019,88.

[15] 范华.新加坡白地规划土地管理的经验借鉴与启发[J].上海国土资源,2015,36(03):31-34+52.

[16] UN Habitat. A New Strategy of Sustainable Neighbourhood Planning:Five Principles[R]. Nairobi:United Nations Human Settlements Programme,2014.

[17] MoHUA. Smart cities:mission statement and guidelines[EB/OL].2015:6/2020.8.

[18] 郑皓,杨忠伟.基于"精明增长"的城市灰色用地规划研究[J].现代城市研

究,2009,24(09):32－35.

[19] 赵哲远.土地利用规划调控技术研究[D].浙江大学,2007.

[20] 严超文.底线思维背景下的城市弹性空间管控研究[C]//中国城市规划学会、杭州市人民政府.共享与品质——2018中国城市规划年会论文集(11城市总体规划).中国城市规划学会、杭州市人民政府:中国城市规划学会,2018:801－811.

[21] Liu Y, Yu Y, Guo H, et al. Optimal land-use management for surface source water protection under uncertainty: A case study of Songhuaba Watershed (Southwestern China) [J]. Water Resources Management, 2009, 23(10): 2069－2083.

[22] Lu S, Zhou, et al. An integrated GIS-based interval-probabilistic programming model for land-use planning management under uncertainty—a case study at Suzhou, China. [J]. Environmental Science and Pollution Research, 2015, 22:4281－4296.

[23] 李鑫,严思齐,肖长江.不确定条件下土地资源空间优化的弹性空间划定[J].农业工程学报,2016,32(16):241－247.

[24] 孙翔.新加坡"白色地段"概念解析[J].城市规划,2003,27(7):51－56.

[25] 田莉,李经纬.高密度地区解决土地问题的启示:纽约城市规划中的土地开发与利用[J].北京规划建设,2019(01):88－96.

[26] 韩文静,邱泽元,王梅,等.国土空间规划体系下美国区划管制实践对我国控制性详细规划改革的启示[J].国际城市规划,2020.

[27] 张群,吴次芳,邵一希.海外弹性规划案例评价与经验启示[J].中国土地,2017(07):29－31.

[28] 赵城琦,王书评.日本地区规划制度的弹性特征研究[J].城市与区域规划研究,2019,11(02):76－91.

[29] 石崧.从国际大都市到全球城市:上海2040的目标解析[J].上海城市规划,2017(04):52－56.

[30] 沈果毅,方澜,陶英胜,等.上海市城市总体规划中的弹性适应探讨[J].上海城市规划,2017(04):46－51.

[31] 张蓉,李晓刚.弹性可控的土地混合利用探索——以中国(福建)自由贸易

试验区厦门片区为例[C]//中国城市规划学会、沈阳市人民政府.规划 60
年:成就与挑战——2016 中国城市规划年会论文集(12 规划实施与管理).
中国城市规划学会、沈阳市人民政府:中国城市规划学会,2016:727-735.

[32] 北京市人民政府. 北京市战略留白用地管理办法[EB/OL].http://www.
gov.cn/xinwen/2020-04/14/content_5502203.htm,2020-04-14/2020-
08-06.

White Land and Its Enlightment to Territorial Space Planning

Sujuan Zhong[1], Xin Wang[2]

(1. School of Geography and Ocean Science, Nanjing University,
Nanjing 210023, China;

2. Guangdong Guodi Planning Science Technology Co.,Ltd,
Guangzhou 510650, China)

Abstract: Under the background of rapid economic development and increasingly scarce land resources, it is of great practical significance to innovate land use patterns. This study combs and summarizes the relevant concepts and specific practical experience of white land research at home and abroad. The results show that the core connotation of white land lies in the land reservation, mixed land development and land use conversion. During the long-term development process, a number of related concepts have been derived and widely used in the planning practice of various localities. Drawing on the practical experience of white land at home and abroad, a new round of territorial space planning can be further explored in the following aspects: firstly, adhere to the rigid constraints and flexible control parallelly; Secondly, transit from incremental planning to inventory optimization; thirdly, strengthen the planning of the whole life cycle management; last but not least, promote public participation in territorial space planning.

Key Words: white land; flexible planning; strategic blank; territorial space planning

图书在版编目（CIP）数据

土地经济研究. 13 / 黄贤金，严金明主编. —南京：
南京大学出版社，2020.6

ISBN 978 - 7 - 305 - 23349 - 4

Ⅰ.①土… Ⅱ.①黄… ②严… Ⅲ.①土地经济学－
研究 Ⅳ.①F301

中国版本图书馆 CIP 数据核字（2020）第 093563 号

出版发行 南京大学出版社
社　　址 南京市汉口路 22 号　　　　　邮　编 210093
出 版 人 金鑫荣

书　　名 **土地经济研究（13）**
主　　编 黄贤金 严金明
责任编辑 田　甜　　　　　　　　编辑热线 025 - 83593947

照　　排 南京紫藤制版印务中心
印　　刷 南京凯德印刷有限公司
开　　本 718×1000 1/16 印张 11.25 字数 186 千
版　　次 2020 年 6 月第 1 版 2020 年 6 月第 1 次印刷
ISBN 978 - 7 - 305 - 23349 - 4
定　　价 45.00 元

网址:http://www.njupco.com
官方微博:http://weibo.com/njupco
官方微信号:njupress
销售咨询热线:(025)83594756